中正大雅　朴真至美
——人民美术出版社 70 年
（1951—2021）

张曼玲　金　玲 / 编　著

人民美術出版社
北京

人美官方标志

“人美红”专色

“人美红”是深植于人民美术出版社血脉中的红色基因。建社70年间，人民美术出版社以弘扬红色传统为己任，发扬光大优秀传统文化，弘扬中华美育精神，致力于打造美术经典和传世之作。“人美红”专色用于与“人美”有关的各种标志，具有独特的识别特征。

色值：C:20　M:90　Y:100　K:0

R:202　G:58　B:28

中国美术出版总社

标志中的“中”字，为中国美术出版总社的首字，取自楷书颜体的笔法，四周紧密，气势庄严雄浑，笔力遒劲。其法度森严，与严谨的出版态度相呼应。轮廓的印章外形，寓意着责任，象征为作者服务、对读者负责的态度。“中”字与印章相结合的设计，具有很高的识别度，同时也充分体现了总社的气质和品牌影响力。

中国美术出版总社的标志采用大宋体。

中国美术出版总社

China Fine Arts Publishing Group

人民美术出版社

“人民美术”印章系钱君匋所刻。其篆刻用刀爽利，线条圆融劲挺，气息流畅又不失古朴，呈现出典雅大气的面貌，极具雅韵。章法上“计白当黑”，做到了“疏可走马，密不透风”，表现出独具的匠心和奇趣。

人民美术出版社的社名由周恩来总理亲笔题写。

连环画出版社

连环画出版社的社名系集鲁迅先生手书。

人民美術出版社

People 's Fine Arts Publishing House

連環画出版社

Picture-Story Publishing House

人美精神

中正大雅　朴真至美

中者，央也；正者，不偏不倚，合于法度。“中正”，是人民美术出版社作为国家美术出版机构的独有特质，是中国气派、大家风范。“大雅”，出自《诗经》，也谓高尚雅正，或指德高大才之人，恰与人民美术出版社的产品、人才群体的特点相吻合。“朴真”，既是自然、率性，又强调拥有一种“林泉之心”，强调人与自然的统一，彰显天然之性、朴素的自然之美。自然之美来自人民群众，来自广大读者，来自艺术工作者，来自社会基层，是接地气的美，是真性情，是至美境界，是美中之“大美”。

1951 年，由政务院批准成立社务委员会，委员 7 人：郑振铎、黄洛峰、江丰、严文井、蔡若虹、萨空了、朱丹。

郑振铎

黄洛峰

江 丰

严文井

蔡若虹

萨空了

朱 丹

1951年，由出版总署批准委任的编审委员会委员有徐悲鸿、王冶秋、张仲实、江丰、胡蛮、王朝闻、蔡若虹、蔡仪、张仃、华君武、叶浅予、胡考、邹雅、石少华。

徐悲鸿

王冶秋

张仲实

胡　蛮

王朝闻

蔡　仪

张　仃

华君武

叶浅予

胡　考

邹　雅

石少华

“人美”的精神（代序）

2014年11月19日，来人民美术出版社（以下简称“人美”）工作的第一天，一个问题就萦绕心头：“人美”在出版界、教育界、艺术界为什么有如此巨大的影响力，其源头在哪里？答案便是——人，以及由这些人所形成的永恒的精神！从“人美”创社时期的领导人萨空了、邵宇，到新中国连环画的奠基人之一姜维朴，再到创作室的代表人物王叔晖、刘继卣、任率英，一直到今天仍活跃在书法艺术舞台上的沈鹏，“人美”老一辈艺术家、出版家、编辑家就像一座座丰碑，永远屹立在北辰宫，屹立在北总布胡同32号，屹立在东三环南路甲3号。这里不仅承载着几代“人美”人的情感，更传承着“人美”的精神。

由毛泽东主席亲自提议，70年前的9月14日，人民美术出版社正式成立，周恩来总理亲自题写了社名。这是一家开国领袖亲手缔造的出版机构，一出生便传承着红色基因。紧接着，20世纪50年代，开展了“新年画运动”“连环画改造运动”，出版了富于时代特色的宣传画，《苏加诺工学士、博士藏画集》和《宋人画册》获得莱比锡国际书籍艺术博览会金奖；20世纪六七十年代，编辑和艺术家们被下放干校劳动，即便在当时的环境中，他们仍创作出反映时代、饶有兴味的作品；改革开放以来，60卷本的《中国美术全集》出版，连环画迎来新的黄金时代；十八大以来，在习近平新时代中国特色社会主义思想的指引下，落实“四个人美”发展战略，以内容建设为核心，促进融合发展，不断提高业界话语权，成为新美育时代的先行者。

70年鲜活的历史让我们读懂了一个大写的“人美”，那就是“人美”特有的精神：中正大雅，朴真至美。中者，央也；正者，不偏不倚，合于法度。“中正”，是人民美术出版社作为国家美术出版机构的独有特质，是中国气派、大家风范。“大雅”，出自《诗经》，也谓高尚雅正，或指德高大才之人，恰与人民美术出版社的产品、人才群体的特点相吻合。“朴真”，既是自然、率性，又强调拥有一种“林泉之心”，强调人与自然的统一，彰显天然之性、朴素的自然之美。自然之美来自人民群众，来自广大读者，来自艺术工作者，来自社会基层，是接地气的美，是真性情，是至美境界，是美中之“大美”。

“人美”建社70年，所有的光荣与梦想、悲情与喜悦、诗意与自由都因前辈们留下的故事而历久弥新，因一代又一代“人美”人的奋斗和创新而再现辉煌。当我们伫立在理想与现实的十字街头，当我们徘徊在坚守与名利之间，我们有理由相信，“人美”始终拥有这些优秀的灵魂和“大美”精神，薪火相传不只是一个遥远的传说。

如今的“人美”，办公地点早已迁入东三环南路甲3号的新址，但“人美”人永远的精神地标永远不会变。那棵古老的玉兰树一直陪伴着我们，每年都会开出芬芳的花，还有那可爱的小狮子，每天都注视着我们每个人匆匆的身影……一代代的“人美”人始终给我们感动和力量，“人美”精神始终照亮着我们前行的路。

人民美术出版社党委书记、社长　周　伟

目录

第六章　抓住机遇　做大做强　1998—2011

第七章　四个人美　融合创新　2012—2021

人民美术出版社成立 70 年优秀作者名单

参考资料及附录

编后记

第一章

时代呼唤　应时而生

1949—1951

1949年10月1日，毛泽东主席在天安门城楼上向世界庄严宣告，一个伟大的、崭新的中国诞生了！新中国的建立是中华民族历经磨难后的蜕变，是中华儿女千百年来的翘首企盼。人们载歌载舞，为一个新的社会主义国家屹立在世界的东方而欢喜雀跃；人们奔走相告，为这一永镌史册的神圣时刻而激动不已。

新中国的开拓者和建设者们，在激动而欣喜的同时，更清醒地认识到，建立在这片满目疮痍的土地上的新中国，面对的是一个百废待兴的艰难局面。这不仅体现在政治、经济领域，更体现在社会和文化层面。在新中国成立初期这一特殊阶段，与政治、经济层面的改革相应而生的文化出版层面也正在孕育着划时代的变革。人民美术出版社正是在这样的历史背景下应时而生的。

第一节 新中国成立初期我国文化市场的迫切呼唤

一、新中国成立初期我国图书文化市场亟待改善

新中国成立初期，文化领域处于百废待兴的局面，我国图书文化市场上适合新时代人们阅读的图书十分短缺。当时北京大街小巷不少书摊摆放的大部分是旧时代质量低下的武侠、言情等内容的小人书。这些宣扬旧思想、旧观念的出版物，不仅很难适应新形势下人们的阅读需求，也不符合新中国文化发展的客观需求。我国图书文化市场的旧局面亟待改善。

当时国内民众普遍文化程度不高，识字率较低。图画类出版物，特别是以绘画和文字相结合的传统的连环画，通俗易懂，雅俗共赏，老少咸宜。年画则一直以来都是中国人民过春节的必需品。年画和连环画出版物以其“图画语言的广泛适用性”的优势和原有的市场基础更符合当时广大人民的文化水平和阅读能力，也更适合当时我国文化市场的需求。

二、党和国家领导人的重视和关怀

对当时国内文化市场的现状和紧迫需求，党和国家领导人颇为重视和关心。1949年10月3日，“全国新华书店出版工作会议”在京召开。毛泽东主席于9月为此次会议题词“认真做好出版工作”，并于10月18日晚接见了参加会议的百余位代表。这是中华人民共和国成立后在北京召开的第一个全国性专业会议，这些代表也是新中国成立后毛主席接见的第一批全国性会议的代表。

开国大典后不久（11月），文化部成立后召开的第一个会议就是新年画工作会议。中央人民政府出版总署（以下简称“出版总署”）、中华全国美术工作者协会等单位出席会议，就如何在全国范围内开展1950年新年画工作的有关问题进行了讨论，文化部起草了文件稿送审。1949年11月23日，中央人民政府文化部颁发了以沈雁冰部长署名的《关于开展新年画工作的指示》，这是中央政府文化部颁发的第一个文件。这份文件11月22日经陆定一和胡乔木报送毛泽东、刘少奇、周恩来审批。11月23日，毛泽东主席亲笔批示同意，27日，由《人民日报》公开发表。它开启了新中国美术史和美术出版史的第一个篇章，并迅速在全国范围内掀起了一场“新年画创作运动”。

对中国民间艺术之一的年画的出版工作，毛泽东主席颇为关心。新中国成立后的第一个春节前夕，创作新年画、改造旧年画的工作首先被提上了日程。据人民美术出版社原社长邵宇回忆：“新中国成立后的第一个春节前夕，毛主席把有关同志找

去，当面指示要抓开展新年画的工作。毛主席说，年画这一形式在群众中影响很大，反动统治阶级拿它来散布反动思想，我们要用这种形式去宣传革命思想，并要我们帮助旧艺术人员改造思想，还对年画定价不要高、要普及到农村等做了指示，充分体现了毛主席对新年画工作、对美术出版工作的巨大关怀。”

在连环画出版方面，1949年12月，毛泽东指示当时的中共中央宣传部副部长周扬：“连环画不仅小孩看，大人也看，文盲看，有知识的人也看，你们是不是搞一个出版社，出版一批新连环画，把那些宣扬神怪、武侠、迷信的旧连环画去掉。”在党和国家领导人的关怀和指导下，文化部很快建立了专门出版连环画册的大众图画出版社。

三、全国第一届出版会议关于出版专业化的精神

1950年9月15日至25日，“第一届全国出版会议”在京召开。朱德副主席到会做了重要讲话。中央人民政府出版总署署长胡愈之在会上做了《论人民出版事业及其发展方向》的报告并致闭幕词。会议最后通过了关于发展人民出版事业的基本方针和关于改进和发展出版工作，改进和发展书刊发行工作，改进期刊、书刊印刷业的五项决议。“为人民大众的利益服务是人民出版事业的基本方针”得以确立。

10月13日，胡愈之署长在政务院第54次政务会议上做了关于第一届全国出版会议的综合报告，其中在第二部分“公私出版、发行、期刊、印刷业的调整和分工合作”中介绍了出版分工专业化的具体设想，除了对商务、中华、三联等原有出版机构的专业分工进行调整外，还涉及少儿出版、教育出版等专业出版领域，同时，提出“文学与艺术方面亦准备建立公营的或公私合营的专业的出版社”，并指出“以上各种专业出版社均由各专业机关分别加以领导。如是可使各出版社各自发挥其特长，配合实际需要，有计划地出书，并减少重复浪费与乱出书的现象。但专业化是指发展的方向，要有步骤地进行，专业化也不是专利或垄断”。

1950年10月28日，出版总署公布了第一届全国出版会议关于改进和发展全国出版事业的五项决议，同时公布了《关于国营书刊出版印刷发行企业分工专业化与调整公私关系的决定》。同一天，中央人民政府政务院总理周恩来签署了《关于改进发展全国出版事业的指示》，指出：“书籍杂志的出版、发行、印刷，是与国家建设事业、人民文化生活极关重要的政治工作。第一届全国出版会议决定本着‘统筹兼顾，分工合作’的原则调整公私出版业之间的关系，并逐渐清除出版发行工作的无组织、无计划的现象，以求有计划地充分供给为人民所需要的各种出版物，这个方针是正确的。”为了在这个方针下改进和发展全国出版事业，政务院做出十点指示，这是中华人民共和国成立后中央人民政府发布的关于出版工作的第一个纲领性文件。

该月，中央人民政府出版总署根据全国第一届出版会议关于出版专业化的精神，决定成立人民美术出版社，并发布了《关于决定成立人民美术出版社的决议》。

四、大众图画出版社成立

在党和国家领导人对连环画出版工作的关怀和指导下，文化部很快建立了专门出版连环画的大众

图画出版社。在人民美术出版社成立前的一年时间里，大众图画出版社在缓和当时图书文化市场的迫切需要、为社会提供精神文化食粮方面做出了很大贡献。

大众图画出版社在著名美术家蔡若虹的领导下，经过一年多的努力，出版了一批思想健康、艺术形式新颖的新连环画，为新中国连环画事业的改革和发展开了一个好头。如蔡若虹改编、刘继卣绘的连环画《鸡毛信》、《东郭先生》和《新儿女英雄传》（一、二集）、《三打祝家庄》、《刘胡兰》等，都以富有教育意义的内容和个性鲜明的人物形象获得社会的好评，在连环画界影响很大，也为后来人民美术出版社成立后开展工作打下了良好的基础。

第二节 紧锣密鼓的筹备工作

一、人民美术出版社的筹备

1950年10月，《关于决定成立人民美术出版社的决议》发布后，紧锣密鼓的筹备工作就马上开始了。负责人有萨空了、朱丹、邵宇、邹雅、刘北方、安靖等。当时，编辑部（筹备处）设在建国门内大牌坊胡同，经理部（筹备处）设在王府井大街，两处工作人员共计30多人。

1951年夏，由中央人民政府新闻总署新闻摄影局、人民画报社、出版总署出版局美术室及文化部艺术局领导的大众图画出版社抽调部分人员组成人民美术出版社的基本队伍，社址迁入灯市口原北辰宫旧址。

二、下属单位的成立和改组：北京美术印刷厂、人民画报社、荣宝斋新记

人民美术出版社筹备工作开展的同时，为了满足美术出版的特殊要求，专业的美术印刷厂——北京美术印刷厂也开始筹建。

1950年7月，人民画报社成立。萨空了任社长，同时任出版总署副署长。朱丹任总编辑，胡考、丁聪任副总编辑。毛泽东主席为画报题名。期印总数为4万份，8开本，月刊。1951年以后，开始出版英文、蒙古文、阿拉伯文和俄文版。1952年，确定对外为主的报道方针，又陆续增出多种外文版。一度属人民美术出版社，直到1953年6月脱离，归外文局管理。

1950年秋天，由新华书店总店管理处木印科即原石家庄大众美术社与原私营北京荣宝斋实行公私合营。合营后称“北京荣宝斋新记”，由郭沫若同志题写斋名。洽谈工作和接管事宜由邹雅、侯恺具体负责。合营后由侯恺（公方代表）任经理，王仁山（私方）任副经理，隶属人民美术出版社。后来业务领导分工由邵宇负责。

三、美术期刊的创刊——《连环画报》

1951年5月，《连环画报》（半月刊）正式创刊，邹雅担任主编。文化部部长沈雁冰（茅盾）题写刊名。当时，《连环画报》每期印数高达50万份。

《连环画报》创刊号封面

第三节 应时而生的人民美术出版社：开启新中国美术出版的新篇章

一、人民美术出版社的诞生

1951年9月14日，人民美术出版社成立大会在中山公园举行。［原定9月1日举行，后因全国出版行政会议延迟至9月14日，关于此事新闻摄影局还专门向出版总署和文化部、中央宣传部递送报告，并附报《人民美术出版社暂行组织条例（草案）》。］出版总署署长胡愈之、副署长叶圣陶、文化部副部长周扬出席大会并讲话。周恩来总理为人民美术出版社题写了社名，他对人民美术出版社第一任社长萨空了说："要尽快多出为青少年和劳动人民服务的好书好画，占领文化阵地。人民的出版事业，主要任务不是为了赚钱，而是为了满足人民精神上的需要，为了培养青少年一代。如果钱赚多了，那就要研究一下是否方向出了问题。"

1951年9月，《人民美术出版社暂行组织条例》经中共中央宣传部、文化部、出版总署修正批准试行。条例中规定：人民美术出版社为国营企业机构，受中央人民政府文化部、出版总署共同领导。业务范围包括：1. 出版各种美术出版物，以通俗的美术出版物为主。2. 领导管理北京美术印刷厂、荣宝斋新记。同时，条例还对人民美术出版社的组织机构、分工进行了详细的规定。

由政务院批准成立社务委员会，委员7人：郑振铎、黄洛峰、江丰、严文井、蔡若虹、萨空了、朱丹。正副主任由正副社长兼任。由出版总署批准委任的编审委员会委员有徐悲鸿、王冶秋、张仲实、江丰、胡蛮、王朝闻、蔡若虹、蔡仪、张仃、华君武、叶浅予、胡考、邹雅、石少华。（以上两个委员会中，大部分委员由有关领导机关的负责人及有关的社会知名人士和专家担任。）

人民美术出版社的出版方针是：通过形象与艺术形式宣传马克思列宁主义、毛泽东思想，进行爱国主义及国际主义的教育；适应国家经济建设与文化建设的需要，提高人民群众思想文化、科学知识水平；以出版通俗的工农美术读物为主，有重点地编选介绍有代表性的艺术作品、民间艺术、历史文化遗产。

萨空了任社长，朱丹任总编辑。机构的设置方面，出版社下设编审部、美术研究室、经理部，另辖人民画报社、北京美术印刷厂及公私合营的北京荣宝斋新记。人员队伍也有所扩展，除北京美术印刷厂和荣宝斋新记外，工作人员由最初的30多人发展到158人，同时，成立了党支部和团支部。一个崭新的美术出版社终于诞生了！

二、新中国美术出版事业揭开了新的篇章

早在人民美术出版社成立之前，大众图画出版社、人民画报社、《连环画报》就已经开启了新中

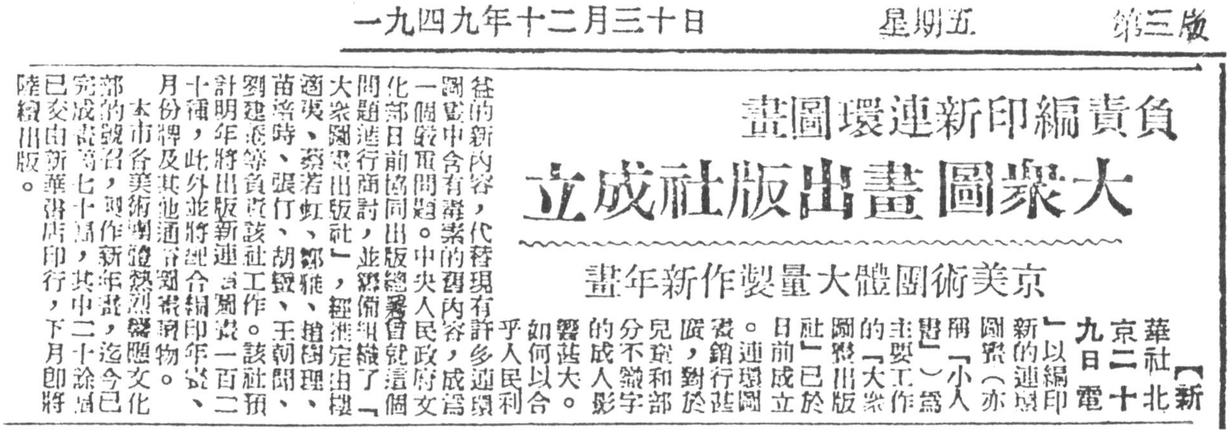

一九四九年十二月三十日 星期五 第三版

負責編印新連環圖畫
大衆圖畫出版社成立
京美術團體大量製作新年畫

【新華社北京二十九日電】以編印新的連環圖畫（亦稱「小人書」）為主要工作的「大衆圖畫出版社」已於日前成立。連環圖畫銷行甚廣，對於兒童和部分不識字的成人影響甚大。如何以合乎人民利益的新內容，代替現有許多連環圖畫中含有毒素的內容，成為一個較重問題。中央人民政府文化部日前協同出版總署曾就這個問題進行商討，並籌備組織了「大衆圖畫出版社」，經推定由樓適夷、蔡若虹、鄒雅、趙樹理、苗培時、張仃、胡蠻、王朝聞、劉建庵等負責該社工作。該社預計明年將出版新連環圖畫一百二十種，此外並將配合編印年畫、月份牌及其他通俗藝術刊物。

本市各美術團體熱烈響應文化部的號召，製作新年畫，迄今已完成畫稿七十幅，其中二十餘幅已交由新華書店印行，下月即將陸續出版。

《人民日报》1949 年 12 月 30 日刊登新华社报道：大众图画出版社成立

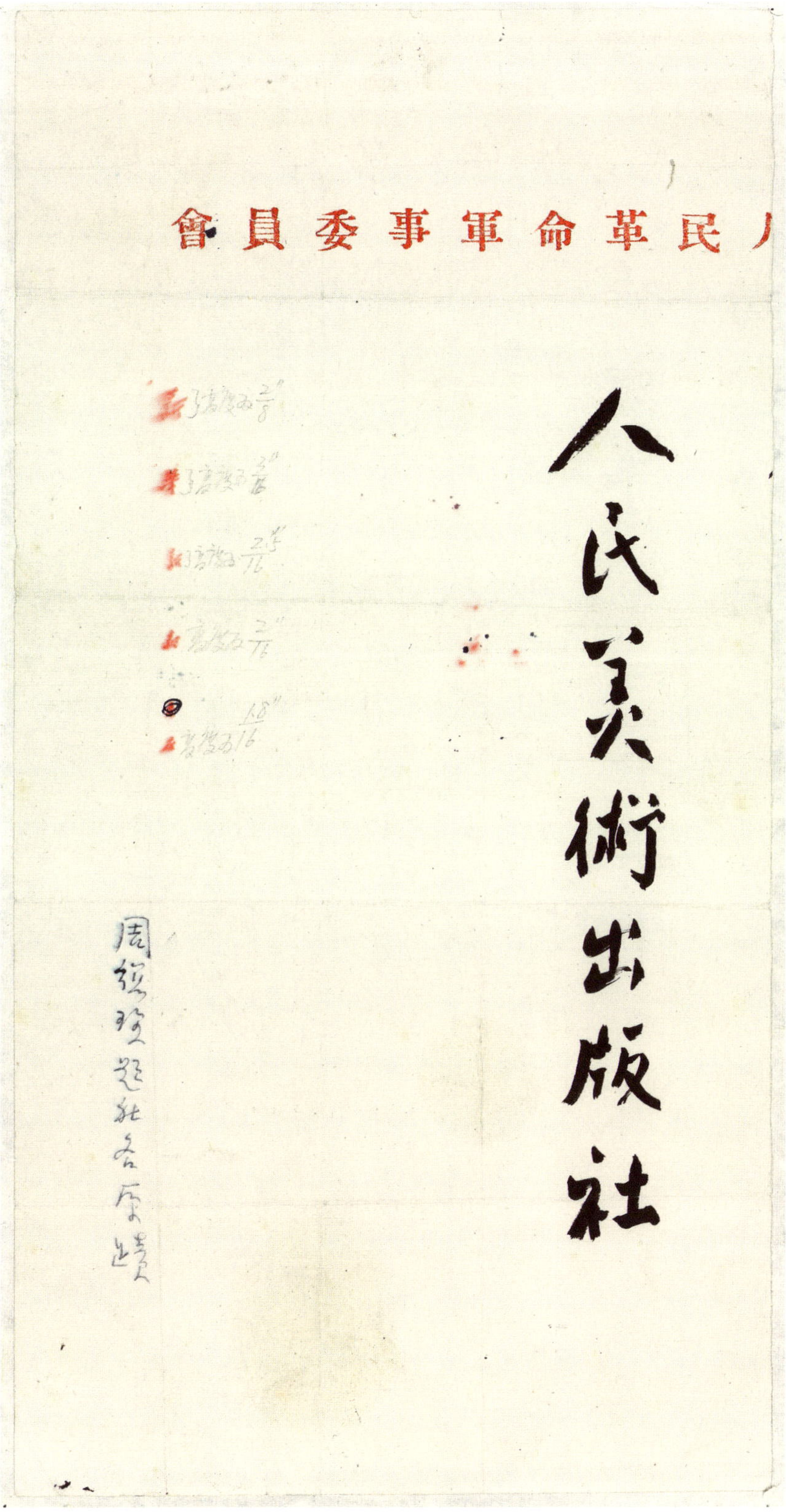

周恩来总理题写的社名原件

上海市人民政府副市長潘漢年、盛丕華曾分別設宴歡迎。

人民美術出版社正式成立

人民美術出版社已於十四日正式成立。該社爲國營的美術事業出版社，由中央人民政府文化部和出版總署共同領導。該社在今年四月間已開始工作，四個多月來出版了人民領袖像、宣傳畫、連環畫册和一般畫册、圖片等八百餘種，並發行『連環畫報』半月刊。『人民畫報』現亦由該社出版。

『時事手册』第二十三期

內容介紹

『時事手册』第二十三期已於二十日出版。本期

《人民日报》有关人民美术出版社成立的新闻报道

国美术出版的大门。新年画、新连环画册的出版，毛主席像及其他中外领袖像的绘制等工作有条不紊地逐渐铺开。1951年，针对当时革命领袖像的出版比较混乱的情况，出版总署决定，革命领袖像均应以人民出版社和人民美术出版社印发的图像为标准。

人民美术出版社从诞生之日起，就承担了发展中国美术出版事业的重任。20世纪50年代初期，以副社长邵宇为代表的一些从烽火岁月中锻炼出来的“老延安”“老八路”为骨干组成的编辑出版队伍，继承解放区的革命传统，开拓业务，艰苦创业，团结、组织全国美术创作队伍进行创作，出版了一大批新年画、连环画、宣传画和美术书刊。

针对当时北京图书市场上出版物匮乏的现状，邵宇提出“美术出版社应该着手出版有益于青少年身心的、反映新中国文化的读物”，并确立了“改编古典名著、革命小说或创作具有革命内容和教育意义的连环画”的出版任务。大家热情高涨，很快就出版了一系列连环画读物。最多的时候，每三天就出一本内容新颖的连环画。一时间，北京的新华书店和各书摊出现了许多新型连环画和人民大众喜爱的小人书，如刘继卣画的《鸡毛信》以及《水浒》《西游记》等优秀题材的连环画，取代了书摊上那些旧有的出版物。当时，人美社除了出版连环画外，还出版不少单幅宣传画和年画，如《我们热爱和平》《开国大典》等。除出版通俗读物外，人民美术出版社还出版了齐白石、徐悲鸿、傅抱石、古元等一些著名画家的画集。

20世纪50年代的《水浒》

精心筹备、众望所归的人民美术出版社，肩负着开拓新中国美术出版的历史重任，也必将谱写出新中国美术出版的绚丽篇章。

《鸡毛信》连环画封面 刘继卣 绘 华山 脚本 大众图画出版社 1950 年 9 月第 1 版

《我们热爱和平》 阙文 摄影 人民美术出版社 1951 年

《成渝铁路通车》 邵国寰 绘 人民美术出版社 1951 年

《西游记》之《水帘洞》 刘继卣 绘 人民美术出版社

第二章

稳步开拔　调整提高

1952—1957

自成立伊始，人民美术出版社逐渐进入了调整、提高及发展的时期。编辑出版工作贯彻“普及与提高并重”的方针，扩大了题材范围，形式也较多样化，克服了某些作品中概念化、公式化的倾向，装帧设计和印刷质量也普遍有所提高，在民族遗产、民间美术、艺术论著的整理与介绍等方面，有了一个良好的开端。

第一节 计划经济体制下的规划和调整

新中国成立初期，我国实行计划经济体制，国家在生产、资源分配以及产品消费等各方面都由政府事先进行计划。新生的出版事业也不例外，各出版社在选题规划、印刷用纸等方面都严格受到上级主管部门的领导。

一、“计划化”背景下的出版规划

早在1951年出版总署的工作计划大纲中，就强调要“消除全国出版事业上的无组织无计划现象，加强有组织的领导，走向逐步计划化”。之后，特别是在经过反贪污、反浪费、反官僚主义的“三反”运动后，出版总署决定把厉行增产节约、提高出版物质量、发展通俗读物、加强对全国公私营出版事业的管理和指导并逐步推行出版工作计划化作为工作的重点。人民美术出版社在这一时期以“计划化”为出版工作的指导方针，调整组织机构，制定发展规划。

1. 出版计划化

1952年10月，出版总署召开了以“出版计划化”为主题的第二届全国出版行政会议。会上，胡愈之署长做了《为进一步实现出版工作的计划化而奋斗》的报告，指出“当前工作的缺点是有盲目性，计划性不够，人力物力缺乏有效的组织……出版工作必须进一步计划化”。

在这个指导思想下，自1952年起，人民美术出版社编辑出版工作实行了计划化。各编辑部门都制订了编辑方针、任务及选题计划，确定了本社出版物以普及为主，并明确了与地方美术出版机构的分工。领袖像及专门进行国际宣传的期刊和画册，由人民美术出版社出版。1954年，为进一步贯彻发稿与出版计划化，还颁布了《制订、检查发稿计划与出版计划试行办法》。

2. “十二年编辑出版规划”

1956年，中央发布《1956年到1967年全国农业发展纲要（草案）》，全国振奋。人民美术出版社同其他兄弟出版社一样，掀起了制定长远规划的热潮。社务委员会和编审委员会经过多次会议讨论，拟定了人民美术出版社“十二年编辑出版规划”。“规划”提出人民美术出版社将有计划地、系统地出版我国及外国的美术作品，其中包括中国美术全集、民间美术选集、少数民族艺术选集、世界美术选集、中国美术史、中国历代画论、“五四”以来有代表性的美术作品及根据现代和古典文学名著改编的连环画等。

3. 美术作品的出版工作是艺术事业

1957年6月，出版局和美术家协会联合召开了美术编辑、出版、发行座谈会，会上讨论了美术出版的性质问题。著名版画家力群认为，“在利润与事业的问题上，应当把对美术作品的出版看作是艺术事业，而不能只重利润”。人民美术出版社的出版物是代表国家艺术水平的，应当着力提高出版物的质量。

二、组织机构调整和工作制度完善

1952年2月，根据中央调整机构和紧缩编制的精神，国家新闻总署撤销。原新闻总署新闻摄影局主管的画报等美术出版工作（包括画报印刷厂）归入人民美术出版社。该年，人民美术出版社进行了组织机构调整。经理部由张朝同任经理；将原期刊编辑室改为《连环画报》编辑室，刘迅任主任；原图书编辑室改为图片画册编辑室，邹雅任主任，安靖任副主任；原美术工作室改为创作室，邵宇任主任，古元任副主任；增设了总编办公室。全社工作人员增加到260人。同年10月，还增设了副牌朝花美术出版社，以增加美术出版物品种，进一步满足人民群众不断增长的文化需要。

在制度建设方面，出版总署根据第一届全国出版行政会议的精神，向各行政区出版行政机关下发了《关于公营出版社编辑机构及工作制度的规定》，提出要建立、健全编辑机构和工作制度。人民美术出版社制定了《人民美术出版社人事工作暂行条例》《人民美术出版社劳动保险暂行办法》等，成立了工会及其他文体组织，召开职工运动会，成立业余京剧团、乐队，丰富了职工的业余生活，建立了党、政、工、团联席会议制度，加强了领导与职工群众的联系。

部分职工 1954 年香山留念

人民美术出版社1955年度优秀工作者合影

三、对大众美术创作与出版的探索

人民美术出版社创社之初，为落实党的文艺政策，安排好来自老解放区和老北京一些已有相当艺术成就的专业画家，成立了两个创作室。一个俗称辛寺胡同创作室，以来自老解放区的画家为主，由古元任主任，人员有夏风、苏晖、苏坚、陈兴华、叶洛等。一个以《连环画报》创作组为主体，后扩建为社创作室，主要为年画、连环画、宣传画出版服务，人员有徐燕孙、盛此君、王叔晖、刘继卣、墨浪、卜孝怀、方菁、任率英、江莹、林锴、费声福、张汝济、沙更思等，先由阿老、李书芹任正副组长，后由沃渣任主任。直到1957年“反右”运动开始，两个创作室才分别解散。其中部分成员被分配去艺术院校和画院，部分分配到各编辑室任编辑，并担负创作任务。

这一时期，人民美术出版社为加强连环画、年画、宣传画等通俗读物的创作力量，还先后成立了“连环画脚本研究会”“连环画脚本创作研究组”“年画工作委员会”等创作组织，集中了创作队伍，培养了创作人才，创作了优秀作品，把美术创作与美术编辑、美术出版有力地结合起来，进行了富有成效的尝试。

建社初期部分编辑人员在灯市口北辰宫人民美术出版社旧址前合影

四、从灯市口北辰宫到北总布胡同

建社初期的人民美术出版社办公地点是灯市口的北辰宫旅社旧址，1956年迁到北总布胡同32号。这座院子曾是著名的国立北平艺专旧址，新中国成立后又成为出版总署机关，似乎预示着“美术”与“出版”将会产生某种联系。此后，这里成为中国美术出版的重镇，周恩来总理手书的“人民美术出版社”匾额历经时间的打磨依然大气庄重，与院子里的藤萝玉兰、苍松翠柏一同见证着我国美术出版事业的发展壮大。

1956年迁入此办公楼，被称为“圈楼”（1982年被拆除）

第二节　以“年、连、宣”为主的大众美术出版迅速普及

在新中国诞生之初，深受人民群众喜爱的年画、连环画、宣传画这几类通俗易懂的出版物，既是改造旧艺术的良好形式，又能密切配合时事政治宣传，有利于普及教育与文化知识，受到了党和政府的高度重视，遂占据了主流艺术的地位。

一、“新年画运动”与年画出版

新中国成立后，文化部颁发的第一个文件就是《关于开展新年画工作的指示》，要求在新中国成立后第一个春节把开展年画工作作为春节文教宣传工作的重要任务之一。其中提到“发展新连环图画与新年画，改革旧连环图画与旧年画，这是美术工作方面的重点”。这份文件经陆定一和胡乔木报送毛泽东、刘少奇、周恩来审批，并由《人民日报》公开发表，开启了新中国美术史的第一个篇章，在

《开国大典》　董希文 绘

全国范围内掀起了一场“新年画创作运动”。

1952年，为加强年画出版工作，人民美术出版社成立了“年画工作委员会”，专门负责年画的出版工作。这一时期出版的优秀年画作品有《开国大典》《群英会上的赵桂兰》《毛主席和农民谈话》《中华各民族大团结》《劳动模范游园大会》《菜绿瓜肥产量高》《赶先进》等，广受人民群众欢迎。

《群英会上的赵桂兰》 林岗 绘

《毛主席和农民谈话》　古元 绘

《中华各民族大团结》 叶浅予 绘

《和平万岁》 费声福 绘

《全中国的儿童都热爱你》　阿老 绘

《打纸老虎》 墨浪 绘

《劳动模范游园大会》 李可染 绘

20 世纪 50 年代人美版《水浒》连环画

二、“连环画改造运动”与连环画出版

连环画作为一种普及读物，是大众美术的重要组成部分，在新中国成立初期受到了国家领导人的重视。1950年，毛泽东同志指示中宣部副部长周扬：“连环画不仅小孩看，大人也看，文盲看，有知识的人也看，你们是不是搞一个出版社，出版一批新连环画，把那些宣扬神怪、武侠、迷信的旧连环画去掉。”当时，所谓“新连环画”，首要的是思想内容健康，富有教育意义，有益于青少年德、智、体的健康发展，而艺术形式又是丰富多彩、生动活泼而富于审美价值的。

1952年，人民美术出版社成立了“连环画脚本研究会”，吸纳出版社有关人员参加脚本创作及改编工作，向文学界呼吁编写连环画脚本，以解决连环画脚本不足问题，进一步占领旧小人书市场。人民美术出版社1953年成立连环画册编辑室，1954年成立连环画脚本创作研究组，专门从事连环画的编辑出版工作。

1954年，胡乔木写信给人民美术出版社，指出“连环画的编辑出版应开拓选题，可以根据古典文学改编，如‘南北东西四游记’、《济公传》等都可以有计划地改编，以满足群众多方面的需要，从而占领思想文化阵地”。1955年，人民美术出版社的长篇连环画库《水浒》（共26册）开始出版发行，这是新中国成立以来我国第一部根据古典文学著作编绘的连环画库。

此外，这一时期出版的优秀作品还有反映农民孩子高玉宝渴望读书的《我要读书》，成功地塑造了一个勇于同厄运作斗争的儿童的可亲可爱的形象。该书曾在1963年全国首届连环画评奖中获得绘画一等奖，连续3次印刷，印数超过100万。采用白描手法绘制的连环画《西厢记》，7次再版重印，总印数达40万册。还有《东郭先生》《穷棒子扭转乾坤》《劈山救母》《孔雀东南飞》《志愿军英雄传画库》《戏曲画库》等。

不同版本的连环画《我要读书》

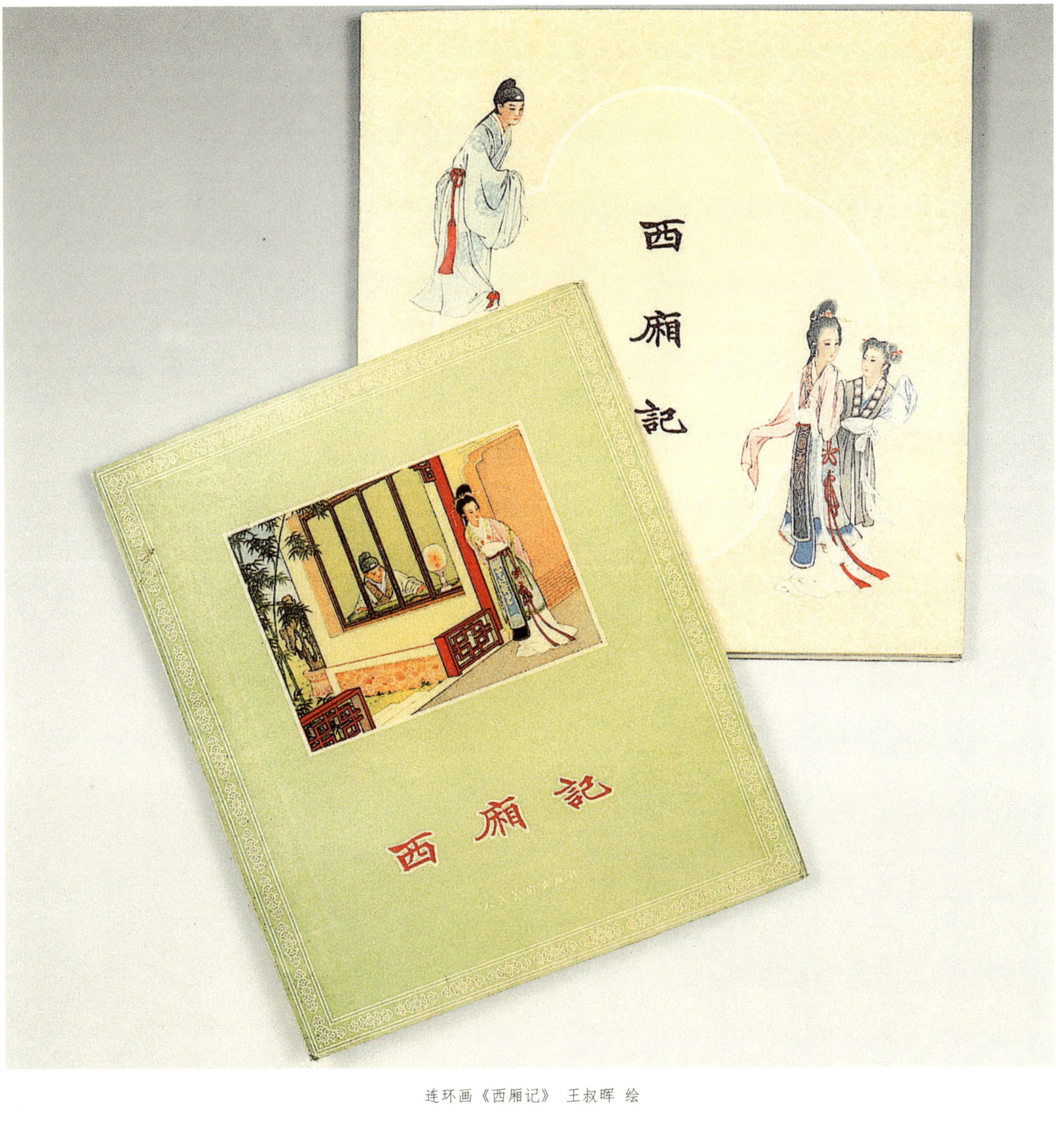

连环画《西厢记》 王叔晖 绘

《东郭先生》 刘继卣 绘 1955 年

《穷棒子扭转乾坤》 刘继卣 绘 1962 年

三、宣传画出版紧扣时代脉搏

宣传画是通俗出版物之一，自20世纪30年代抗日战争开始后，因其宣传鼓动之效，发行量一直很大。从1938年中国共产党成立的第一个艺术院校“延安鲁艺”开始到1949年新中国成立，是我国宣传画发展的第一个阶段。题材以描绘八路军、新四军抗日战争和解放战争为主，创作手法以木刻为主。从新中国成立到20世纪60年代前期，大约15年的时间里，宣传画以新中国建设成就为主题，苏联风格和上海月份牌风格并存，是宣传画发展的第二个阶段。这个时期出现了如哈琼文、翁逸之、吴敏、游龙姑、吴性清、钱大昕、杨文秀、张汝济等影响力较大的宣传画画家，他们多集中在北京、上海、天津进行宣传画创作，此三地遂成为出版宣传画最集中的地区。

1951年，正值我志愿军抗美援朝取得重大胜利之际，《人民日报》刊登了名为《我们热爱和平》的摄影图片。这幅照片中的儿童十分天真可爱，经选定由人民美术出版社彩印出版，第一版就印了500万张。这幅作品作为20世纪50年代极具影响力和震撼力的艺术作品之一，不仅在中国大受欢迎，也在朝鲜广为流传，成为鼓舞志愿军保家卫国、浴血奋战的巨大精神力量。

此外，还有《把学习成绩告诉志愿军叔叔》《春节大联欢》《祖国万岁》《祖国建设花怒放 提高警惕防虎狼》等带有鲜明时代特色的宣传画作品，表达了人民在新的社会制度下对美好生活的向往。

宣传画《把学习成绩告诉志愿军叔叔》 蒋兆和 绘

宣传画《办好托儿所解放妇女劳动力》 黄胄 绘

第三节 美术专业出版步入正轨

进入调整、提高、发展时期的人民美术出版社，除了大量出版“年画、连环画、宣传画”等通俗美术出版物外，同时注重搜集整理中国传统美术精品，在专业出版方面扎实起步，创造出诸多优质作品。

一、画册、画集出版

20世纪50年代，人民美术出版社以弘扬民族文化为己任，出版了如《伟大的艺术传统图录》《中国历代名画集》《宋人画册》《永乐宫壁画》《敦煌藻井图案》《中国锦缎图案》《中国建筑彩画图案（清式彩画）》《古铜鼓图录》《中国美术作品选集》等，还有李可染、叶浅予、刘开渠、王式廓、石鲁、李少言等画家、雕塑家专集，以及《苏加诺工学士、博士藏画集》《芬奇作品选集》《伦勃朗》《雪舟》《印度阿旃陀石窟绘画》等外国绘画作品。

《苏加诺工学士、博士藏画集》获1959年莱比锡国际书籍艺术博览会金奖

《伦勃朗》

雪舟

《雪舟》

1.《苏加诺工学士、博士藏画集》

1955年，周恩来总理代表中国参加了在印度尼西亚万隆召开的亚非会议。在这次会议上，周恩来以卓越的外交能力与多个亚非国家首脑缔结了友好关系，其中就包括印度尼西亚总统苏加诺。苏加诺总统喜欢绘画，收藏了很多美术作品。周恩来总理了解之后，提出为苏加诺出版藏画集，并委托时任人民美术出版社总编辑的邵宇专赴印度尼西亚与苏加诺当面商讨出版事宜。当时日本也提出为苏加诺出版藏画集，但最后他选择了由中国出版。周恩来非常重视此事，拨了专款和外汇。

人民美术出版社接到这项重要任务后，全社组织动员了最得力的编辑设计人员和全国最好的印刷、装订等力量，总投资共计72万元（旧币制）。总编辑邵宇，画册编辑室主任、摄影家安靖，新华印刷厂厂长姜信之等人，曾3次亲赴印度尼西亚拍照、编辑。

当时，第一册、第二册要赶出200套，在1956年国庆苏加诺访问北京时由国务院作为国礼亲自赠送。这样，从发稿到全部印出仅有4个月的时间。为保证质量，全社从领导到编辑、设计、出版、校对等各部门人员集中在印刷力量基础较好的上海办公，每天向北京汇报进度，形成大会战的场面。最后在国庆节前两天，用上海到北京的特快专车将书送达北京，由周恩来总理亲手赠送给苏加诺总统。此书共6卷，每卷收图百幅左右，全部彩色精印，基本达到了20世纪五六十年代世界先进水平，在1959年的莱比锡国际书籍艺术博览会上获得金奖。

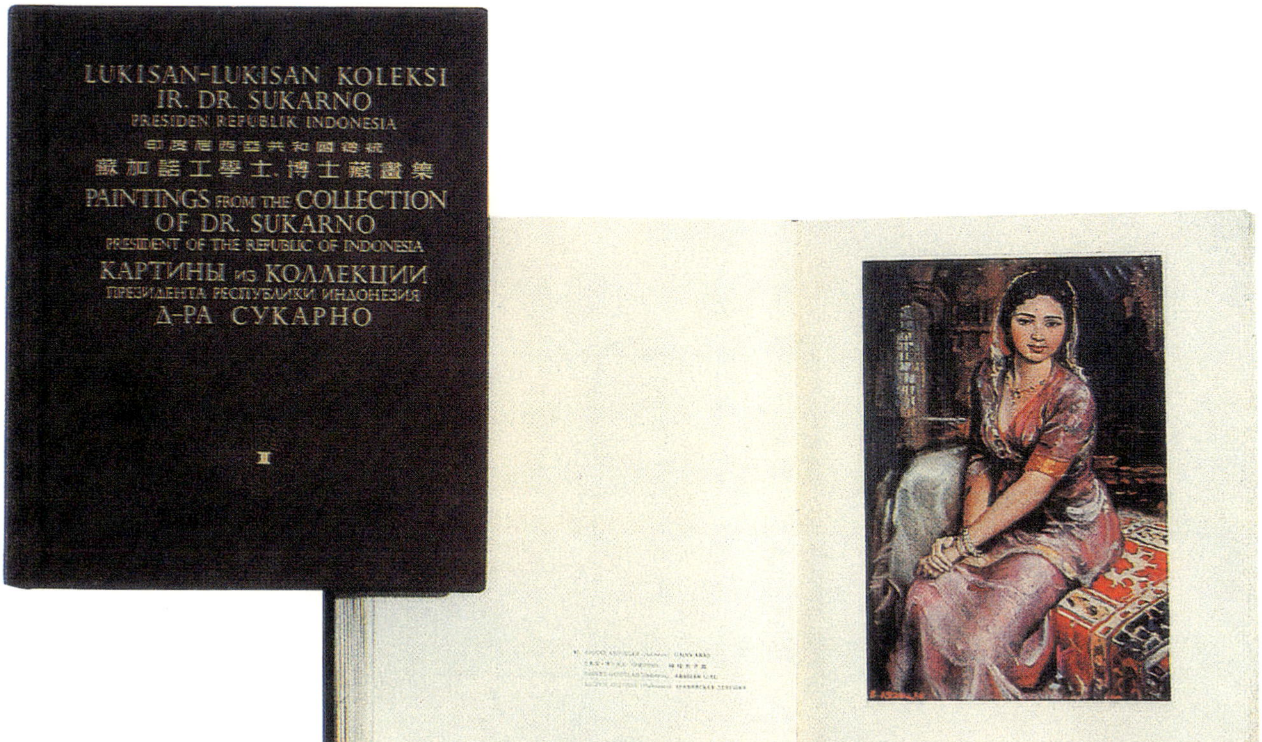

《苏加诺工学士、博士藏画集》封面及内页

2.《伟大的艺术传统图录》

1956年，人民美术出版社增设副牌——中国古典艺术出版社，出版了若干中国古典美术精品和考古文物图录，如《清明上河图卷》《汉画》《唐代画家人名辞典》《太原圹坡北齐张肃墓文物图录》《全国基本建设工程中出土文物展览图录》等。其中，《伟大的艺术传统图录》由著名学者郑振铎先生编辑，使用8开本，优质道林纸珂罗版单面印刷，原色版浮贴。此书用深蓝色布面精装，两册一起装在纸盒内。该书除有两篇序言和目次外，还有中英文说明，是新中国成立初期具有代表性的中国艺术史图录。

3.《宋人画册》

此书1957年出版，共收入故宫博物院收藏的宋代作品100幅，多为团扇绘画精品，内容有人物、山水、花鸟、走兽、草虫等。书前有专家作序，介绍画家风格、作品特征及流传情况。作品全部彩色精印。此书在1989年重新设计再版，并获得莱比锡国际书籍艺术博览会金奖。

4.《中国画家丛书》

1954年，人民美术出版社与中国美术家协会联合召开会议，决定编辑出版一套展现我国现当代优秀画家作品的丛书，定名为《中国画家丛书》，并陆续出版了李可染、叶浅予、石鲁、李少言等十余册画家专集。此后，上海人民美术出版社也出版了同体例的丛书，推动了现当代画家作品的纂辑工作。

5.《艺用人体解剖学》

此书1956年出版，选用人体摄影图例多幅，图文并茂，采用16开精装，为我国美术技法书的出版做出了好的开端。此后，人民美术出版社还出版了《怎样画速写》《怎样画铅笔画》等数十种普及本技法丛书，影响遍及全国。

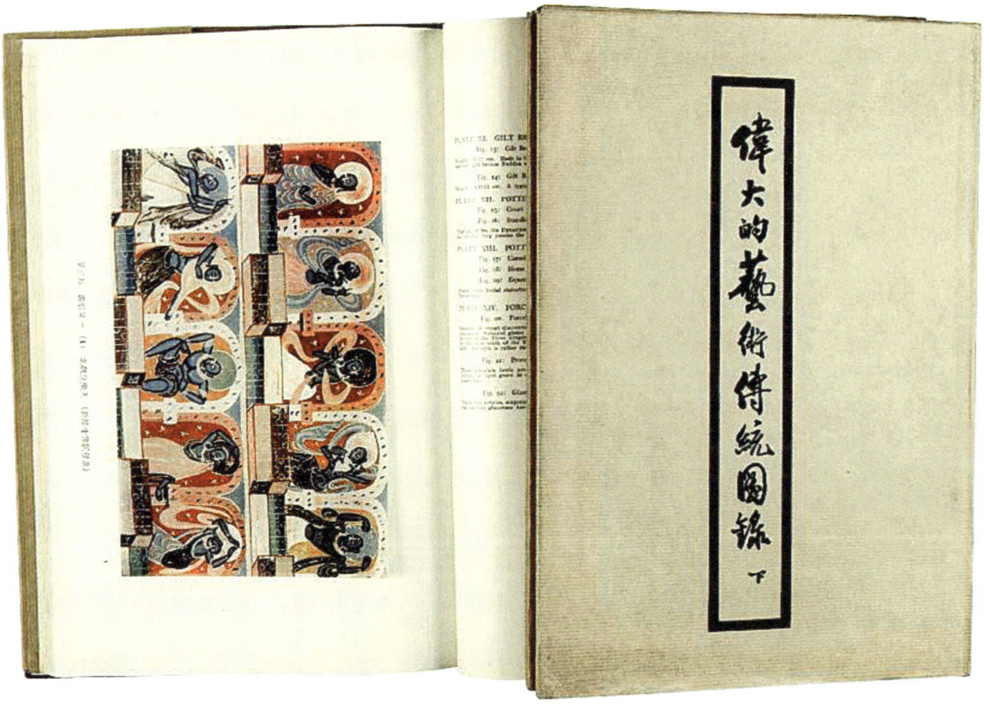

《伟大的艺术传统图录》

《宋人画册》获 1989 年莱比锡国际书籍艺术博览会金奖

二、荣宝斋“木版水印”定名

新中国成立后，经过公私合营后的荣宝斋焕发了新的生机，并开始谋划开发新的印刷品种。当时，绘画大师徐悲鸿带着自己的《奔马》找到荣宝斋经理侯恺，提道：“一个英国朋友想要这匹马，但这匹马我也很喜欢，有点舍不得。不知你们可不可以用木版印一下，再送给他？”侯经理立即表示可以试试，随即领徐悲鸿到刻印车间，看了勾、刻、印全过程。半个多月后，新荣宝斋的首幅木版水印徐悲鸿的《奔马》印制成功。徐悲鸿非常满意，还谢绝稿费，并在开始售卖时亲笔签名以示支持。

自木版水印《奔马》获得成功后，荣宝斋继续在木版水印名画上努力。20世纪50年代，荣宝斋先后印制了徐悲鸿的《芋叶双鸡》《鱼鹰》《漓江春雨》《风雨鸡鸣》等共18幅作品，大小不同规格版本20多种。在中国画大师齐白石的具体指导下，又成功地完成了其水墨画《花卉》的木版水印。之后，白石老人的很多作品都经荣宝斋木版水印后，得以广泛流传。故有荣宝斋的木版水印画是靠“徐、齐起家”之说。其实，好多名家的画作也早就被荣宝斋用木版水印的技术复制，如吴作人的《鹰击长空》和《金鱼》、黄胄的《新疆舞》、吴冠中的《故乡》等。

荣宝斋的木版水印技术不仅神形兼具地复制了名家名品，并且以低廉的价格让寻常百姓可以购买、收藏。《奔马》《花卉》在国际国内都取得了很好的评价，荣宝斋“木版水印”由此定名。

木版水印徐悲鸿《奔马》

第四节　期刊出版奠定基础

人民美术出版社成立后，除了出版年画、连环画、宣传画等大众普及读物，古今中外优秀画册，美术技法读物以外，还主办主编了若干美术期刊，如影响较大的《连环画报》《美术》《漫画》《中国摄影》《群众诗画》等，形成了一定的规模，在不断的探索实践中，形成了自己的特色。

一、《连环画报》

1951年，还处在筹备期的人民美术出版社便酝酿创立了一本以连环画为主要内容的美术期刊。在时任副社长、总编辑的朱丹同志和社长萨空了的共同努力下，半月刊《连环画报》应运而生。首任主编由邹雅同志担任，文化部部长茅盾为刊物题写了刊名。

1951年5月27日，《人民日报》对即将问世的《连环画报》做了报道："人民美术出版社决定将出版一种《连环画报》半月刊。以连环画为内容来出版期刊，这还是创举。为向广大不识字的和识字不多的劳动群众进行教育，各地应帮助这个刊物的发行推广。"

到1960年7月一度停刊为止，《连环画报》共出版了219期。所刊连环画大多紧扣当时国内外政治经济形势，如抗美援朝、土地改革等，风格多样，是当时重要的文化宣传工具。同时，《连环画报》聚集了一批当时人们熟知的优秀连环画作者，如张乐平、叶浅予、徐燕孙、任率英、卜孝怀、墨浪、陈少梅、贺友直、华三川、赵宏本、钱笑呆、王弘力、贲庆余、王绪阳、罗工柳、詹建俊、孙滋溪、罗盘、程十发、刘继卣、董洪元、颜梅华等，为新中国连环画的发展团结了众多的创作力量。

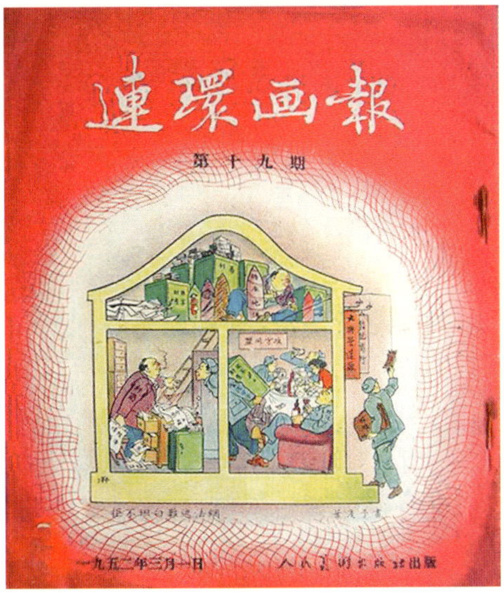

《连环画报》第十九期 1952 年 3 月

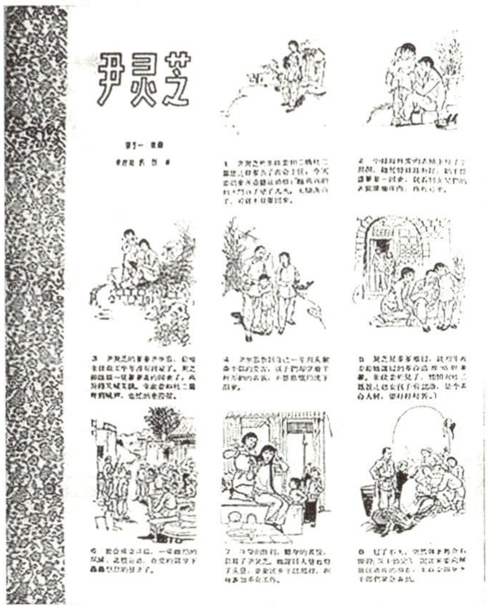

20 世纪 50 年代的《连环画报》内页

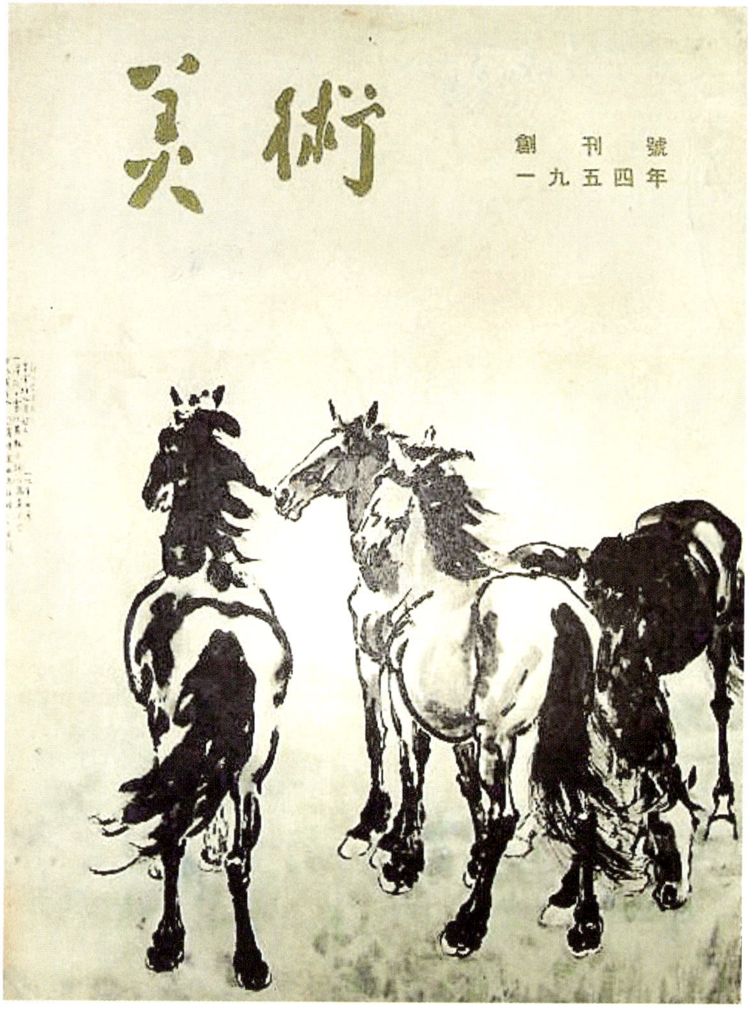

《美术》创刊号，封面为徐悲鸿遗作《群马图》

二、《美术》

《美术》于1954年1月创刊，由人民美术出版社出版，前身是中华全国美术工作者协会会刊《人民美术》。在《人民美术》时代，它为宣传毛泽东思想、贯彻党的文艺政策、发展我国美术事业做出了重要贡献。1953年，中华全国美术工作者协会更名为中国美术家协会，《人民美术》也随之更名为《美术》，成为中国美术家协会主办的专业性机关刊物，由王朝闻任主编，力群任副主编。

《美术》杂志在当时是全国美术动态的权威性刊物，在20世纪50年代中后期开展了关于中国画的特点及如何推陈出新的讨论，至1966年1月“文革”前奉令停刊。

三、《漫画》

中国现代漫画与上海有着密不可分的联系。20世纪30年代，上海的漫画创作在《上海漫画》的带动下，呈现出空前繁荣的景象，大批漫画刊物相继出现，如《时代漫画》《漫画大观》《漫画生活》《漫画界》等20余种，涌现了一批优秀的漫画家和大量有影响的漫画作品，老上海遂成为中国漫画的中心。1950年，著名漫画家米谷、张乐平、沈同衡等在上海创办了新中国第一本漫画月刊《漫画》，由米谷任主编，在华东人民美术出版社出版。

1955年，该杂志转至北京，交由人民美术出版社管理，致力于提高漫画的思想和艺术水平，大力培养青年漫画作者。至1960年停刊，历时十年，《漫画》发表了大量优秀漫画作品。

《漫画》杂志封面

《中国摄影》创刊号封面

四、《中国摄影》

1956年7月，新中国成立了第一个也是唯一一个全国性的摄影工作者团体——中国摄影学会。在当年12月召开的学会第一次全国代表大会上，主席石少华提出“目前，我们还缺少一本公开的全国性的摄影杂志来作为摄影艺术百花齐放和百家争鸣的园地”“要出版全国性的摄影杂志”。随后，经过几个月的筹备，新中国第一本摄影艺术刊物《中国摄影》杂志诞生，高帆任主编。

1957年第一季度，《中国摄影》在人民美术出版社出版了创刊号，创刊初期的中心任务是“团结全国职业和业余摄影家，繁荣我国的摄影创作，提高我们的摄影艺术水平”。1959年，由最初的季刊改为双月刊，并请毛主席题写了刊名。1966年4月，受“文革”影响，《中国摄影》停刊。

第五节 尝试对外出版交流合作

新中国成立初期，我国主要与以苏联为首的社会主义国家及亚非拉友好国家在文学、艺术、教育、体育、卫生、科技、新闻、出版、广播、电影等领域开展交流与合作。其中，在出版方面，人民美术出版社积极参与，在促进文化交流、对外友好方面做出了应有的贡献。

一、《苏加诺工学士、博士藏画集》增进中印（尼）友情

《苏加诺工学士、博士藏画集》在印度尼西亚公开发行后，引起的不仅是惊奇，更是赞美。画集在印刷上的精美完全出乎印度尼西亚国内的预料，他们认为中国的印刷技术已达到世界先进水平。画集中的二百多幅画竟然全都是彩色的，这使他们感到很兴奋，觉得当时世界上任何一个国家都还没有这样的画集。雅加达一家专印彩色画片且被认为规模最大、具有国际水平的荷兰印刷厂的一位专家说："一幅彩色画在我们这儿要印15天至20天，而在中国，这样大的一部画集却只用半年就印出来了，这是不可想象的。"

画集不仅展示了新中国处于国际先进水平的印制技术，还对促进中国与印度尼西亚的友好往来、开展两国文化交流发挥了积极的作用。苏加诺总统本人在为画集专门作的序言中提道："这并非是因为我的藏画水平很高，而只是说明了我对艺术的爱好，同时也为了使中国人民和印度尼西亚人民之间的兄弟般的友谊更加密切。"可以说，《苏加诺工学士、博士藏画集》使新中国美术出版第一次走向国际出版舞台，并获得了良好的声誉。它既以高超的品质展示了新中国成立之初出版事业的技术水准，又以友好的姿态表明中国出版事业在国际出版交流中的重要作用。

二、参加莱比锡社会主义国家出版会议

在西德、东德时代，法兰克福书展和莱比锡书展是资本主义国家与社会主义国家出版事业的两个阵营。1957年4月，中国受邀参加在莱比锡举行的社会主义国家出版会议，文化部派出以王益、邵宇为正副团长的代表团参加讨论博览会筹备事项。这次会议共有苏联、阿尔巴尼亚、保加利亚等12个社会主义国家的220人参加，是新中国出版界第一次参加国际会议。在会议上，各国代表建议同类型出版社之间要建立直接的联系，组织共同的出版物展示，既交流了经验，增进了友谊，又可以促进社会主义国家出版业的团结。

是年，人民美术出版社与苏联国家艺术出版社及美术家出版社建立了样书交换关系。

1956年9月30日，毛泽东、朱德等同印度尼西亚共和国总统苏加诺观看《苏加诺工学士、博士藏画集》

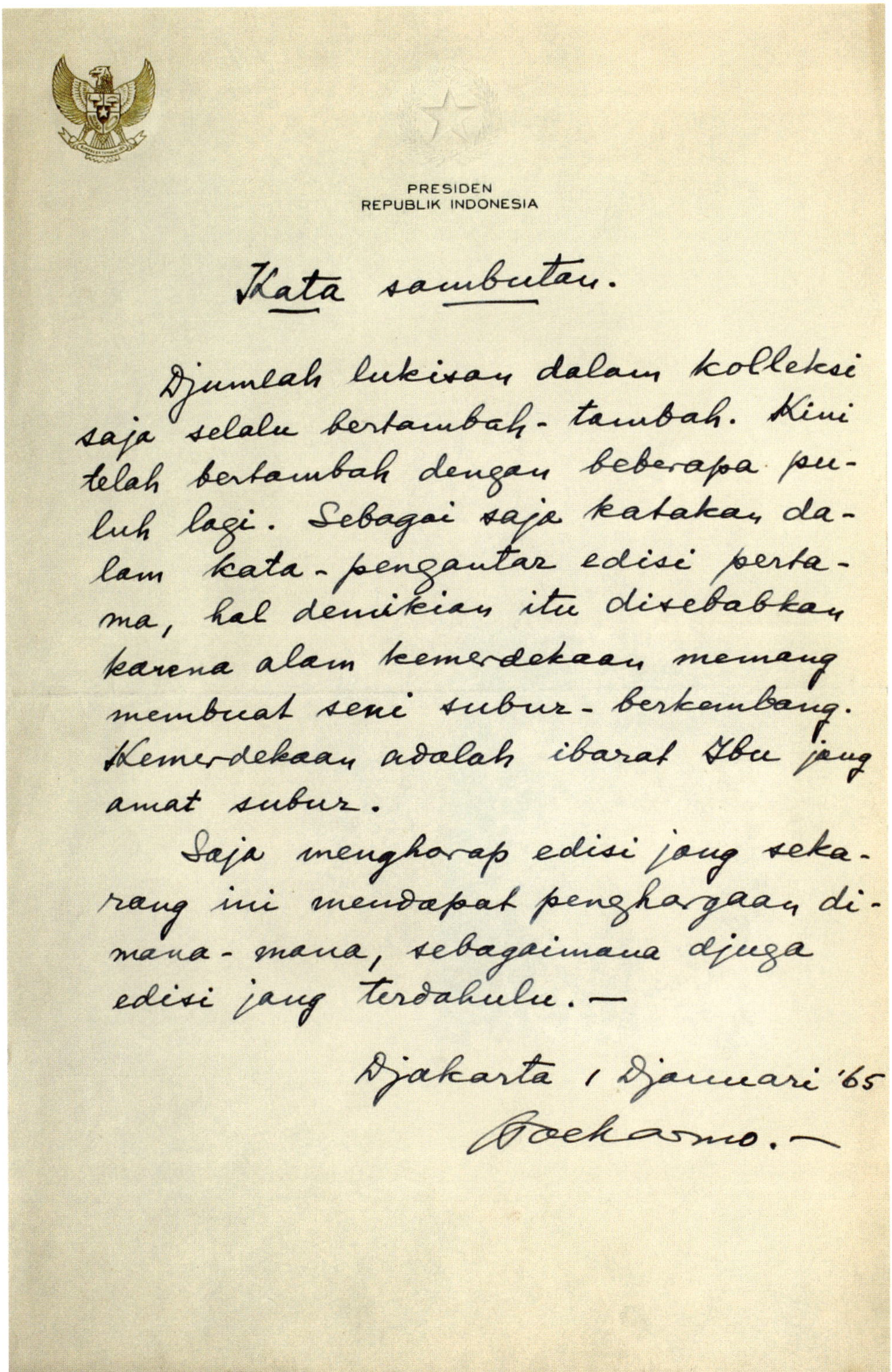

PRESIDEN
REPUBLIK INDONESIA

Kata sambutan.

Djumlah lukisan dalam kolleksi saja selalu bertambah-tambah. Kini telah bertambah dengan beberapa puluh lagi. Sebagai saja katakan dalam kata-pengantar edisi pertama, hal demikian itu disebabkan karena alam kemerdekaan memang membuat seni subur-berkembang. Kemerdekaan adalah ibarat Ibu jang amat subur.

Saja mengharap edisi jang sekarang ini mendapat penghargaan dimana-mana, sebagaimana djuga edisi jang terdahulu.—

Djakarta 1 Djanuari '65

Soekarno.—

苏加诺总统致人民美术出版社函

在人民美术出版社诞生的第一个五年，围绕出版计划化和文艺作品为大众服务的方针政策，新生的人民美术出版社完善了组织机构和工作制度，制定了“十二年出版规划”（1956—1968），干劲十足地憧憬着未来。这一阶段出版了大量以年画、连环画、宣传画为代表的大众美术作品，在宣传、教育、科普上起到了很好的作用。这一时期，人民美术出版社还出版了《苏加诺工学士、博士藏画集》《宋人画册》《中国历代名画集》《齐白石作品集》《李可染山水写生册》《杨柳青木版年画》等一批专业美术画册，在国际性的图书博览会上屡屡夺冠，向世界展示了新中国出版业的实力与水准。同时，一批我国美术界的专业期刊也在此时滥觞，《连环画报》《美术》《漫画》《中国摄影》纷纷创刊，在一个万事俱新的时代探索并引领着新中国的美术出版事业。

第三章

执着坚守　曲折发展

1958—1976

经过调整、提高与发展时期的人民美术出版社，羽翼正将丰满，然而从20世纪50年代末到“文革”结束，出版工作受影响较大。这期间人民美术出版社与多数出版单位一样，人员、物资以及出版物种类、质量都受到了不同程度的影响，但由于美术出版在宣传、号召等方面所具有的特殊功能，人民美术出版社仍然在历史的浪潮中前行，既为那个时代也为自身烙上了鲜明的印记。

第一节 “大跃进”下的出版工作

1958年3月7日，在全国工业、农业全面跃进的形势下，上海人民出版社在出版工作“大跃进”的高潮中，首先发出倡议书，向全国兄弟出版社挑战。全国各地方出版社立即制订跃进指标，积极应战。仅仅三天后，即3月10日，文化部就在上海召开了为期五天的全国出版工作跃进会。在跃进会上，文化部副部长陈克寒提出，要“通过整风运动和反右派斗争来进行出版‘大跃进’”“要鼓起革命干劲，为生产‘大跃进’，为社会主义建设服务”。会议期间发布了《全国出版工作跃进会议倡议书》，要求各出版社要在本年5月底之前制定出今后五年的远景规划；反对关门办社，要与有关团体、机关、学校、工矿、合作社加强联系，扩大组稿对象；要贯彻勤俭办社方针，紧缩机构，减少人员，提高工作效率，缩短出书时间。出版界要开展反浪费、反保守的“双反运动”，要在继农业、工业之后，也来一个“大跃进”。

一、“奋战三年，成为世界上一流的美术出版社之一”

人民美术出版社根据《全国出版工作跃进会议倡议书》的号召，在1958年下半年提出了“奋战三年，成为世界上一流的美术出版社之一”的奋斗目标。具体是：第一，以社会主义、共产主义的内容教育人民，与我国的社会主义建设、工业生产和斗争密切结合；第二，要具有民族风格；第三，再苦战一个月，改变本年下半年出版物的面貌，使反映现实斗争和政治运动的出版物达到80%以上。

在这种指导思想下，1958年下半年，人民美术

《农村“大跃进”壁画》 人民美术出版社 1959年

出版社以宣传总路线为题的出版物占据了绝对的优势。只7月、8月两个月配合政治运动的宣传画即由55种增至172种，其他宣传总路线的选题增加了119种，并创造了3天画出大幅农村壁画8张、1天创作反对美帝国主义侵略黎巴嫩宣传画4张的纪录。为粮食局创作的3张宣传画，取得了销售323万张的成绩，而之前的政治宣传画一般只销售1万张左右，甚至更少。

在编辑出版过程中，缩短出版时间，宣传画1天编发、10天出版，单色通俗画册1天编发、4天出版，13种出版物提前5天到100天出版，300种出版物提前3个月到半年发稿，7天内完成过去1年以上的工作量。反映现实斗争的美术出版物，定价下调7.7%—37.5%。此外，社里成立了“红专夜校”，培养又红又专的编辑队伍，设立毛主席著作学习班、艺术理论班、出版业务班等，开展“七天跃进活动”。

1958 年，部分人员在八达岭参加文化部组织的植树劳动

二、调整组织机构，完善规章制度

1958年，在组织机构上，人民美术出版社先后撤销了创作室和美术部，部分人员并入连环画册编辑室及图片画册编辑室图片组。

1. 组建人民美术出版社印刷厂

1957年5月至6月，文化部召开印刷工作座谈会，人民美术出版社刘北方参加座谈并建议出版社办厂。他谈道：“人美的主要任务是复制美术作品，需要研究哪种性质的美术作品必须用哪种复制方法，研究哪种印刷工艺更能表达原作的全部，因此有必要建立一个规模不大的、具有各种印刷工艺配备的印刷厂。”

1958年，在这个提议下，由原北京美术印刷厂及工人书厂、印刷技术研究所合并组建了人民美术出版社印刷厂，加强了彩色印刷技术，成功制造了国产凹印机，提高了美术出版物的印刷质量。

2. 企业单位改制为事业单位

1960年底，文化部党组在《关于大力提高图书质量，改进书籍出版工作的情况报告》里提出了改进出版工作的八项措施，其中第五条为“改革出版社企业为事业单位，不再作为一般生产单位看待。今后考核出版社成绩，主要应看其完成的政治任务的情况，出版了多少好书，培养了多少新作者、编辑，同各方面的写作情况及勤俭节约情况”。以此为指导，人民美术出版社于当年11月由企业改革为事业单位。改制之后，仍执行经济核算制。

3. 系列规章制度的出台

根据1958年《全国出版工作跃进会倡议书》的号召，人民美术出版社制定了《人民美术出版社方针任务及五年基本任务》（1958—1962）、《人民美术出版社1958年增产节约方案》、《人民美术出版社计划工作管理办法》、《人民美术出版社人事工作条例》等，在一定程度上完善了规章制度，加强了出版工作的计划化。

三、“反右派斗争”与“干部下放”

1957年，首都出版界开展了整风运动和“反右派斗争”。从7月15日起到9月25日止，共召开20次“反右派斗争”座谈会，讨论出版工作是走社会主义道路还是资本主义道路、谁胜谁负的斗争问题。1957年底，文化部《关于今后文化工作的方针任务和改进体制下放干部问题的报告》提出，要“改进体制，精简机构和下放干部”，并且应把此作为文化部及所属单位当前整改的中心工作之一，分期分批进行。

人民美术出版社按照干部下放劳动制度的要求，1958年，第一批干部分别下放河北遵化、江苏

1959年6月，卢光照、刘永凯、张金路等在人民大会堂工地劳动

1960 年 1 月，萨空了和社全体红旗手合影

高邮劳动及参加文化队。1959年，第二批干部下放四川广汉劳动。1960年，第三批干部下放陕西，并抽调干部5人参加“万人下放大军”，去苏北农村做基层工作。1964年，一批干部下放山东沂源县农村劳动一年，后继续参加农村“四清”工作。至1966年“文革”前，经过历次调整精简，全社人员减少到120余人。

四、美术出版的短暂“繁荣”

新中国成立初期，新的政治条件要求党和政府需要使用文艺的形式来宣传先进的意识形态。在当时的情况下，我国5.5亿人口中有80%是文盲，农村文盲率更高达95%以上。年画、连环画、宣传画作为通俗易懂、群众基础好的美术读物有着广泛的市场。

1. 连环画扩大农村发行

从1958年到1960年，人民美术出版社根据群众需要，先后出版了长篇连环画《岳飞传》、《杜甫》、《关汉卿》、《戏曲连环画库》（《昭君出塞》等20种）、《志愿军英雄传画库》（《杨根思》等11种）、《青年近卫军》、《钢铁是怎样炼成的》等优秀作品，受到了读者的好评。

1960年11月，文化部发出《关于选拔出版一批连环画册支援农业的规划》的通知，建议由人民美术出版社从全国历年来出版的连环画中选拔一批有较高政治思想水平和艺术水平的作品，以人民美术出版社名义重印出版，向全国农村发行。这批连环画作品共计12种，分别是《为了六十一个阶级弟兄》《童工》《东郭先生》《鸡毛信》《王孝和》《钢铁运输兵》等。

2. 第一届连环画评奖

全国第一届连环画评奖早在1956年就已开始酝酿。时任人民美术出版社连环画编辑室主任的姜维朴曾写信给文化部相关领导，拟搞一次全国性的连环画评奖，但不巧的是这时“反右”运动即将展开，没有进行。直到6年后，文化部发出《1963年春季举办连环画评奖办法》的草案，全国第一届连环画评奖才开始。当时制定了三项评奖标准：一是有较高的思想水平和艺术水平，受到群众热烈赞赏的作品；二是教育意义显著，艺术上也有一定水平，在群众中有一定声誉的作品；三是在脚本改编和绘画创作方面具有独创性的作品。

人民美术出版社邵宇、姜维朴参加了大会的评选委员会，任率英、阎大方、蒋淑均获连环画工作劳动奖。

3. 全力保障年画印量

这一时期，由于用纸紧张，很多报刊减少了印量。如1961年1月，中央决定压缩中央一级报刊的发行份数，《人民日报》在1960年第四季度的基数上压缩5%，《参考消息》4月发行份数减少35%。但中央仍对人民群众对年画的需求高度重视。当年，文化部下发了《关于适当解决年画用纸，争取增加年画印数的通知》。该《通知》中提到，1958年我国年画印数为1.8亿张，1959年为1.3亿张，1960年为9100万张，仅相当于1955年的水平，1961年分配给年画的用纸只能印5000万张。为此特从文化部、外贸部商调出专门用纸200吨，分配给人民美术出版社和中国电影出版社，专项印制年画。

1963年3月，文化部发出通知，人民美术出版社和上海人民美术出版社从1963年起出版少数民族文字版年画，并要求最好能出版一些反映少数民族人民生活的题材，加印少数民族文字。同年，经中央宣传部、文化部党组批准，人民美术出版社出版了刘文西创作的《毛主席和牧羊人谈话》木炭画的单幅画。

《毛主席和牧羊人谈话》 木炭画　刘文西　绘

20世纪60年代，人民美术出版社的工笔重彩年画全国闻名。当时全国年画发行量为3亿张，而人美版年画就有7000多万张，年利润达400万元，因此有以“年、连、宣”等普及出版物来补贴高中级画册出版的说法。

4. 画册出版古今兼具

这一时期，人民美术出版社出版的画册，有古代美术方面的《清明上河图》（长卷）、《中国历代名画集》（上下）、《北京法海寺明代壁画》、《石涛山水册页》、《中国古代绘画选集》等。1964年，人民美术出版社与故宫博物院合作，在院长吴仲超的主持下，编辑出版了《故宫博物院藏画》（隋唐部分）大型画册，人民美术出版社印刷厂将照相机制版机搬到故宫博物院用原作直接分色制版。

在近现代美术方面，有《徐悲鸿素描》《徐悲鸿彩墨画》《唐一禾画集》《傅抱石画集》《吴昌硕画集》《于非闇工笔花鸟选集》《陈半丁画册》《李可染水墨山水画集》《米谷漫画》《任伯年画集》《王式廓素描集》《吴作人画集》《黄宾虹山水册》等。1959年，周恩来总理参观了齐白石画展后，特指示出版齐白石作品，人民美术出版社即编辑出版了《齐白石作品集》（三册）。1963年，出版了中国美术家协会与廖承志共同选编的《何香凝诗画集》，正逢时任中国美术家协会主席的何香凝

《何香凝诗画集》

90岁寿辰，在全国和华侨界取得了很好的反响。

在革命题材的画册方面，有《长征路线写生图》《长征画集》《解放区木刻》《革命历史画选》等。此外，还出版了《杨柳青年画资料集》《藏族木刻佛画艺术》《敦煌彩塑》等专题美术图书及《印度尼西亚华侨美工团美术作品选集》《杜米埃》《印度尼西亚民间雕刻》《日本浮世绘木刻》等国外美术作品，以及纪念新中国成立十周年的《中华人民共和国十周年纪念画册》《十年中国绘画选集》。其中，《杨柳青年画资料集》还在1959年的莱比锡国际书籍艺术博览会上获得银奖。

5. 木版水印达到历史高峰

木版水印源于我国古代雕版印刷的套印技术，是我国特有的集绘画、雕刻、印刷于一体的复制工艺。早在唐代就有人用此技术刻《金刚经》扉页插图，现尚流传于世。荣宝斋早在1896年就开设了

“荣宝斋帖套作”机构，发展木版水印事业。

新中国成立后，荣宝斋从印制小幅作品发展到印制大幅作品，从印制纸本发展到印制绢本，木版水印技术日臻成熟。人民美术出版社会同荣宝斋召开编辑会，编选出版古代木刻插图、百花谱，郭沫若书万字配诗，陈毅为画谱撰写序言。1958年，荣宝斋先后成功临摹、复制了古代名画《韩熙载夜宴图》《簪花仕女图》等作品。在1959年8月的莱比锡国际书籍艺术博览会上，荣宝斋的孙日晓、田永庆还在展会现场表演了木版水印工艺，为我国木版水印画赢得了良好的国际声誉。至此新中国木版水印达到历史高峰。

6. 明信片出版助力对外宣传

1964年3月，文化部、外文局发出通知，要求有计划地出版美术明信片，加强对外宣传和对内进行爱国主义及社会主义教育，并列为常年出版任务之一。在具体分工上，人民美术出版社和上海人民美术出版社着重出版美术作品，也可以出版各地的风景片，文物出版社着重出版文物方面的作品，人民教育出版社着重出版教育方面的作品。

1958 年 2 月，邵宇陪同周恩来总理参观齐白石画展

人民美术出版社 1962 年出版的《革命历史画选》（盒装，共 28 张）

《杨柳青年画资料集》获莱比锡国际书籍艺术博览会银奖

第二节　“文革”时期的单一出版

这一时期，人民美术出版社的正常美术出版工作处于停顿状态，《美术》《中国摄影》等刊物相继停刊，出版物品种骤降。

一、“文革”时期的出版管理

1967年，中央成立“文革小组”，下设宣传出版、艺术电影、教育三组，出版局归出版组管理。

1. 划归出版口

人民美术出版社在这一时期划归“出版口”领导，正常编辑出版工作基本处于停顿状态，仅出版毛主席像和《毛主席语录》及少数连环画、挂图等。荣宝斋改名为“人民美术出版社第一门市部”，王府井和平画店则被改名为“人民美术出版社第二门市部”。到1970年时，全社三分之二以上的人员被下放湖北咸宁文化部“五七”干校，仅余

“文革”初期的王府井和平画店

邵宇在湖北咸宁干校拉车

1971 年，在湖北咸宁干校的劳动场地

39人留守。

1971年，出版工作在周恩来总理的关怀和指示下有所恢复。当年下半年，国务院出版口陆续将直属单位大多数干部从“五七”干校调回。1972年，人民美术出版社下放湖北咸宁干校人员开始陆续回社工作。到1974年12月，文化部湖北咸宁干校结束，在干校人员除调出者外全部回社工作。

2. “开门办社”

早在“大跃进”时期，文化部出版工作就提出了关于反对“关门主义”，提倡“开门办社”的思路。“文革”后期的1975年，根据“工业学大庆，农业学大寨”的宣传需要，人民美术出版社分别设立了“大庆编辑组”和“大寨编辑组”，先后派遣多人驻大庆、大寨工作，编辑出版了《大庆》摄影画册，以及《大庆版画作品选》《大庆红旗》《大

人民美术出版社编创人员在大庆和1205钻井队队长王铁人合影

连环画编创人员在山西大寨体验生活

庆在前进》《周总理在大庆》《大庆速写》《大寨速写》等年画、宣传画、小画册。

二、美术出版品种单一

“文革”十年间，全国共计出版图书9万余种，而“文革”前的1965年，全国出版图书20143种。“文革”期间，出版物品种骤降，毛泽东著作、毛泽东画像以及单张的语录、诗词占很大比重。美术出版在这种大环境下，正常的出版工作基本停滞。

1. 毛主席像创造单张发行量最大奇迹

有资料显示，从1951年至2000年的50年中，毛主席像总计印制了44亿多张，其中95%是在“文革”期间印制的。人民美术出版社作为中央直属出版单位，早在1951年出版总署《印制毛主席像应注意事项》中就被指定为毛主席像出版的主要单位。

“文革”开始后，仅1966年上半年人民美术出版社在北京、上海安排印制毛泽东像就达1亿张，相当于“文革”前16年总数的60%。毛泽东像成为20世纪我国印制数量最多、发行范围最广的图片类出版物，也成为最具有鲜明时代特色的单页美术出版物。其中最著名的一张是根据1966年8月18日毛主席第一次接见红卫兵的照片印成的彩色摄影像，在“文革”初期发行范围极广。

2. 样板戏连环画一枝独秀

“文革”前期即1966年至1970年期间，由于特殊的社会形势以及红卫兵运动带来的负面影响，连环画出版几乎停滞。

直到1971年2月，周恩来总理召见当时出版部门负责人开会时，指示尽快恢复连环画的编创工作，以解决下一代没有精神食粮的问题，连环画出版工作才开始恢复，出版了以八个样板戏题材为主的连环画。样板戏连环画在充分发挥其批判性的同时，把对正面人物的歌颂发挥到了极致。这类连环画

电影连环画册《智取威虎山》 人民美术出版社 1971年6月

《红灯记》连环画 人民美术出版社

《平原游击队》连环画 人民美术出版社 1976 年 12 月

《白求恩在中国》连环画 人民美术出版社 1975 年

共计出版了10种，先期出版了6种，即《红灯记》《智取威虎山》《红色娘子军》《海港》《沙家浜》《白毛女》，后又出版有《奇袭白虎团》《龙江颂》《平原作战》《杜鹃山》。人民美术出版社这时期出版了《红灯记》《智取威虎山》《海港》《平原游击队》《龙江颂》等。1974年人美版《无产阶级的歌》绘画水平较高，在当时连环画界引起了比较大的反响。此外还出版了一批歌颂少年英雄的系列彩色连环画册，如《刘胡兰》《刘文学》《张高谦》《草原英雄小姐妹》等。

除了样板戏连环画这一特殊历史时期的连环画品种之外，人民美术出版社出版的《白求恩在中国》是此间少有的精品，获得了全国第二届连环画创作评奖一等奖。此外，人民美术出版社还出版了《列宁在十月》《列宁在1918》《英雄小八路》《黄继光》等。

3. 考古出版有所成就

1970年，文物出版社留守人员十余人合并于人民美术出版社。第二年，原由文物出版社出版的刊物《文物》《考古》《革命文物》在人民美术出版社复刊。

“文革”十年虽然常被称为是一场浩劫，但我国的考古事业却迎来了一个黄金时期。在这短短的十年间，完成了20世纪中国十大考古发现的近一半。文物出版社配合当时的考古发现，出版了质量上乘的考古画册。

1972年，长沙马王堆汉墓被发现、发掘。根据周总理指示，文物出版社出版了4开本的《西汉帛画》画册，一套共12张，收入马王堆出土的西汉彩绘帛画整幅和各个局部，彩色印刷，附说明一册。在设计上利用辽阳纸版的本色做封面外套，用出土棺木图案经加工描绘做底纹，并临摹竹简汉字笔法书写“西汉帛画”四字，压上反朱红的标题笺条、银色粉的云纹，显得格外优美。此书曾被作为国际文化交流礼品，由周恩来总理赠送给来访的日本首相田中角荣，并随文物展览在法国、日本、美国发行。

该社还于1973年出版了《长沙马王堆一号汉

墓》（上下）画册，采用进口铜版纸胶版彩色印刷，用蓝色硬皮精装，下册图版有292张之多，即使在现在看来，其编辑和印刷的水准也均属上乘。

此外，文物出版社在“文革”期间还出版了精装8开本带套封的《丝绸之路——汉唐织物》（1972年）等精美考古类画册。这类图书在内容上以最新的考古发现为内容，印刷和装帧通常比较精美，具有一定的学术价值和收藏价值。

4. 培育业余美术工作者

“文革”开始后，一大批美术工作者下放到“五七”干校和边远农村。这虽然影响了专业美术出版活动，但从另一个方面看，他们在当地进工厂、下农村、下基层，在普及美术教育、培养业余美术人才方面起到了一定的积极作用。

1975年，在邵宇的主持下，人民美术出版社在北京手扶拖拉机厂举办工人美术学习班，并派创作人员驻厂辅导，培养工人业余作者。连环画册编辑室在郊区顺义设点，培养了一批农村美术作者。1976年，图片画册编辑室与山东人民出版社在山东石岛联合举办年画创作班，培养作者，解决稿源。部分编辑、创作人员深入厂矿，在山西阳泉文化馆设立工人美术培训班，培养了一批业余美术作者。同期，图片画册编辑室部分人员在大连红旗造船厂和新金县举办宣传画学习班，培养了一批宣传画作

精装《长沙马王堆一号汉墓》（上下）

《西汉帛画》

者，成为本社宣传画出版的供稿基地。后来有一部分作者还创作了年画。

三、周恩来总理对出版事业的特殊关怀

“文革”期间，周恩来总理在十分艰巨的情况下，对出版业多次做出指示，采取各种措施，为纠正极“左”思潮、恢复出版工作耗尽了心血。1971年2月，周恩来总理指示当时出版部门负责人要恢复连环画的出版工作，要努力解决青少年缺乏精神食粮的问题。3月到7月，周恩来主持召开了“文革”后第一次全国性的出版工作会议，共126名代表参加。周恩来在接见全国教育、出版等7个专业会议代表，讲到出版工作时说：“现在最大的问题是不能满足人民更多方面的需要，要多出一些书，包括青少年读物。领导要亲自抓，发动多方面来做。”

此外，周恩来还批示同意郭沫若来信提出的举办出土文物展览的建议，并批准《考古学报》《文物》《考古》三个刊物复刊。同年，国务院根据周恩来总理的指示，组织文化代表团访问加拿大，进行文化交流，人民美术出版社邵宇任代表团团长。周恩来总理对出版工作的关怀，使出版工作在困难时期能够回归正轨，并曲折发展。

在1958年至1976年的18年中，人民美术出版社经历了“大跃进”、三年困难时期、“文革”等特殊历史阶段。“大跃进”中，人民美术出版社提出了“奋战三年，成为世界上一流的美术出版社之一”的口号，出现了短暂的“繁荣”。而后，1960年，文化部开展了为期两个月的中央一级出版社的整顿工作，纠正了在出版“大跃进”中发生的一些偏差。1961年、1962年在全国用纸紧张的情况下，出版任务明显减少。“文革”初期，人民美术出版社印制了大量的毛主席画像。至1971年周恩来总理对连环画出版做出重要指示后，人民美术出版社下放职工逐批回到工作岗位，出版工作有所恢复。

可以说，这一时期人民美术出版社经受住了历史的重大考验，奋力坚守，曲折发展。其间举办了全国第一届连环画评奖，木版水印饮誉国际。“文革”时期的宣传画和连环画带有鲜明的时代特色，某些至今仍具有研究价值和收藏价值。

第四章

恢复振兴　重获新机

1977—1984

“文革”过后，我国出版事业面临百花凋零的局面，“书荒”情况十分严重，而恰在此时，中国又面临着从计划经济到市场经济、从封闭社会到开放社会的转型。在这种大背景下，观念更新与知识更新成为当时最响亮的口号。作为文化思想领域的重要阵地，出版业责无旁贷地充当着舆论的表达场和新思想的发源地的角色。美术出版作为出版事业的一部分，亦毫不例外地承担着自己的使命。

人民美术出版社在这一时期，抓住机遇，出版了一系列大部头的优秀全集、选集，并积极拓展海外市场，在出版工作“走出去”方面做了敢为人先的大胆探索。

第一节　拨乱反正背景下的恢复和调整

“文革”结束后，党和国家以及各行业首要的政治任务就是进行拨乱反正，纠正被颠倒的思想、理论、路线。在十一届三中全会的全面推动下，出版界调整了出版方针和出版布局，解放思想，打破禁锢，重新获得了生机。

一、组建“文革”后第一届领导班子

1977年，中组部下达通知，任命邵宇为人民美术出版社社长兼总编辑，刘近村为副社长，燕生为副社长兼副总编辑，姜维朴为副总编辑。这是“文革”之后人民美术出版社的第一届领导班子。之后，按全国出版工作座谈会的精神，人民美术出版社制定了《1978年—1985年选题规划》，加强了出书的计划化、规范化和系列化，设定图片画册、连环画册、《连环画报》编辑室，着重规划出版当代画家作品的专集、专辑，中国古代美术与外国美术普及性读物，部分爱国主义题材的年画、连环画册和低幼读物。

在组织机构上，1979年3月，为适应改革开放的新形势，配合国际出版合作的需要，人民美术出版社设立了外事办公室，专门开展对外合作出版工作。同年6月，为开拓旅游类图书日渐广阔的市场，人民美术出版社成立了摄影旅游编辑室，出版物的门类更加丰富了。

二、珂罗版印刷技术不断升级

近代以来，书画复制出现两种技术，一种是以

《清明上河图》（局部）　珂罗版印刷

《五牛图》（局部） 珂罗版印刷

北京荣宝斋为代表的木版水印技术，另一种就是珂罗版印刷技术。这种技术的特点是可以层次分明地表现中国画墨色的浓淡变化，复制细腻逼真，可以达到以假乱真的效果。光绪初年，珂罗版技术传入中国，主要应用在上海的印刷所，用于印刷天主教圣母像和教会图画。

新中国成立后，人民美术出版社接收了部分原在上海的珂罗版印刷社，专门成立了珂罗版厂，属中央级出版单位。经历了“文革”时期的搁置后，1980年，在邵宇的提议下，珂罗版印刷厂在人民美术出版社院内重建。当时厂房利用杂物库房四间，面积约六十平方米，投资约两千元。初期主要以印制故宫藏画为主，印刷了《清明上河图》《八十七神仙卷》等作品，印刷质量达到了较高的水平。其中，《八十七神仙卷》由对外贸易出版公司销往欧美，重版多次，久销不衰。

1982年，北总布胡同32号院人民美术出版社为珂罗版印刷厂盖起了新楼，又购置了4台新设备和卧式照相机，增加了工作人员，完善了工序配套，印刷能力有了进一步的提高。这一时期重版印刷了《中国历代名画集》（1—5集）、韩滉的《五牛图》、《中国古代木刻画选集》等，都取得了较好的经济效益和社会反响。可以说，在一定时期内，珂罗版让祖国珍贵的文化艺术高质量地流传于世，让更多的人能够一饱眼福，是一件功德无量的事。

《五牛图》珂罗版印刷

荣宝斋木版水印《八十七神仙卷》

第二节　延续美术出版传统优势

1976年“四人帮”被粉碎和1978年党的十一届三中全会的召开，使我国社会生活重新回到正轨，正确的思想路线也得以恢复，我国进入了社会主义现代化建设的新时期。文化艺术方面的生产力得到空前解放，美术出版工作重现生机，在短短几年间就得以复兴，并很快焕发出旺盛的生命力。

一、全集、选集出版厚积薄发

在经历了湖北咸宁干校、河北石家庄干校的磨砺和“开门办社”的洗礼后，重返编辑岗位的人美人焕发出极大的工作热情，策划、出版了多部规格上乘的全集、选集等大部头作品。这既是多年来人民美术出版社的深沉积淀，又是改革开放新时期盛世修典的时代需要。

1.《中国美术全集》

《中国美术全集》是20世纪80年代我国国内美术出版方面最有分量和影响力的一套图书。这套弘扬中华传统文化的巨帙由人民美术出版社、上海人民美术出版社、文物出版社、中国建筑工业出版社、上海书画出版社五家出版单位共同编辑完成，

邵宇在《中国美术全集》民族宫会议上发言

60 卷本巨帙《中国美术全集》

《中国美术全集》编摄组在麦积山石窟外拍摄

《中国美术全集》编摄组在麦积山石窟外拍摄

《中国美术全集》编摄组在麦积山石窟外拍摄

《中国美术全集》编摄组在麦积山石窟外拍摄

刘玉山与当地文物工作者观赏出土文物

从1984年首卷出版，到1989年8月出齐，历时5年，共60卷，受到了海内外各界的一致好评。

早在20世纪50年代，人民美术出版社就有了出版这套全集的初步规划，但由于种种原因而夭折。直至20世纪70年代末，在专家们抢救历代艺术珍品的热切呼吁和国家领导部门的大力支持下，在全国美术界、文物界、出版界的齐心协力下，时任人民美术出版社社长的邵宇提出了编辑《中国美术全集》的设想。1978年，在中宣部直接领导下，由人民美术出版社牵头，召集全国有关美术单位和各大美术出版社，在北京和平宾馆商讨这一倡议。大家都认为我国历史悠久，美术遗产异常丰富，应该有一部多卷本的美术全集。会上，大家讨论了《中国美术全集》和《外国美术选集》的初编规划，并确定了各社分工。

此后，人民美术出版社又多次联合参与合作出版的出版社，邀请李可染、蔡若虹、启功、宿白、沈鹏等著名美术家、考古学家、书法家及出版家召开编辑座谈会，讨论《中国美术全集》的编辑规划，先后聘请了一百多位著名专家学者担任顾问、主编。有的主编亲临一线，实地考察，与编辑、摄影师一起从国各地的博物馆、文物考古所和私人收藏者手里搜集、鉴定、考证图片，有时还要深入沙漠，跋山涉水，冒险攀岩，在敦煌、新疆、内蒙古等处实地拍摄山崖、石窟中的珍贵壁画和雕像。

《中国美术全集》共收录图版一万五千余幅，全部彩色精印，并有局部放大的精细特写。各卷都有具有高水平学术价值和艺术价值的专论及图版说明，反映了当时最新的艺术和考古成果，具有权威性。更突出的是，《中国美术全集》重视收入新近

《中国历代绘画——故宫博物院藏画集》

发现的和未发表过的珍品，如《原始社会至南北朝绘画》一卷中收录了大量新发现的原始岩画。一些岩画专家和生物化石考古学者认为，内蒙古阴山岩画所画的某几种动物在这一地区的旧石器时代晚期至新石器时代初期（约1万年前）就已灭迹。因此，它们制作的年代不会晚于新石器时代初期，这对研究中国原始美术起源上限有了新的实物佐证。再如，《隋唐五代绘画》一卷中，西安市新出土的唐代佛教绢画《陀罗尼经咒图》，原放在人骨架右臂上一件鎏金铜臂钏上的密封盒内，虽历经千余年，绢画颜色依然鲜亮。《原始社会至战国雕塑》一卷中，1986年四川三星堆村发现的多件商至西周初期与真人头等大的青铜头像，属于古代蜀文化青铜雕塑的重要代表性作品。该图片是在责任编辑即将发稿时，在考古论文发表前抢先收录的。至于其他首发的精品，更是不胜枚举。

《中国美术全集》的出版，在国内外引起了很大的反响，受到了学术界、出版界的广泛关注和好评，并获得了第一届国家图书特别奖。著名画家李可染先生说："这是新中国成立三十多年来对东方文化的大整理。"《中国美术全集》还被海外有识之士誉为"不朽的中国美术——5000年来第一套""古今中外唯一最全、最具代表性的权威套书"。

2.《中国历代绘画——故宫博物院藏画集》

1978年，在《中国美术全集》的策划过程中，

“百图”系列图书

考虑到珍藏在各博物馆的美术作品数量大、种类繁多，编选工作存在一定困难，于是商定先出版各大博物院藏品集，并由各地区美术出版社与各地博物馆人员共同编辑出版，以便为《中国美术全集》的编辑做准备。人民美术出版社负责先出版《中国历代绘画——故宫博物院藏画集》。

遴选出版故宫博物院藏画一直在人民美术出版社的计划当中。20世纪60年代初，人民美术出版社就拟用珂罗版宣纸彩色印刷4开本大画册，以贴页的方式装在画册中。画页曾试印一卷，后由于“文革”被迫停止。20世纪70年代末，这项工作终于得以继续，故宫博物院成立画集的编辑委员会负责编选，人民美术出版社负责拍摄。当时由于拍摄条件比较差，进口底片尺寸大，相机又是老式的，每幅作品要分拍全图、分图和局部图，又要考虑节约用片，为使图版符合古画的特点和要求，人民美术出版社组织印厂的车间领导和工人到故宫博物院绘画馆参观，并请故宫书画组专家讲解古画特色。在制版的过程中，编辑和校对同志及时赶到工厂进行校对，并和工人师傅商讨修改意见，经过多次校对后，才正式签字付印，力求每一环节都精益求精。在当时印制技术条件下，多为6色印刷，达到了国内最高水平。

《中国历代绘画——故宫博物院藏画集》共收录故宫博物院藏画精品近三百幅，分文字、图片两大板块。长卷作品分全图、分段图和局部图，卷轴作品分全图和局部图。所选作品绝大多数为故宫博物院珍藏的一级品，甚至是稀世珍宝。文字部分包括了作品的简介、题跋选印和历代著录资料，为读者和研究者的阅览和研究提供尽可能详尽的参考资料。

《中国历代绘画——故宫博物院藏画集》从1978年开始出版，到1991年共计8册全部出齐，前后历时13年之久，是建社以来编辑出版规模较大的多卷本高档画册之一，并获得了第一届国家图书奖的荣誉。

3. “百图”丛书

1978年，人民美术出版社开始有计划地编辑出版“百图”丛书，包括《中国古代绘画百图》《中国古代雕塑百图》《中国古代陶瓷百图》《中国古代版画百图》《西洋绘画百图》《西洋雕塑百图》《外国素描百图》《西洋肖像画百图》《印象派绘画百图》《外国版画百图》等。这套图书以比较通俗的形式，提纲挈领地介绍了中外艺术作品的精华。尤其是西方艺术“百图”系列，在思想解放和文化启蒙的20世纪80年代，起到了普及西方艺术、开启思想的作用，在当时获得了很好的反响。

《新波版画集》获1979年全国书籍装帧艺术展览整体设计奖

4. 现当代画家个人专辑

第二次全国出版工作会议后，人民美术出版社制订了出版现当代画家个人美术作品专辑的计划，先后出版了鲁迅倡导下的新兴木刻代表黄新波的《新波版画集》，以及吴昌硕、任伯年、徐悲鸿、齐白石、黄宾虹、何香凝、傅抱石、吴作人、李可染、李苦禅等画家的专辑画册十余种，对现当代艺术家的优秀作品进行了很好的梳理和推介。

在此基础上，为适应广大普通读者的需求，人民美术出版社还出版了一套小开本、多篇幅的《美术家丛书》，其中包括《徐悲鸿素描》《徐悲鸿彩墨画》《齐白石作品选》《黄宾虹山水册》《傅抱石画选》等，对广大美术爱好者和学习者起到了很大的帮助作用。

二、连环画出版迎来黄金时代

“文革”时期，样板戏连环画题材高度单一。粉碎“四人帮”后，连环画出版事业逐渐恢复正常，在选题上注重古典名著的普及和面向青少年的科普读物，既有对20世纪50年代连环画繁荣期的继承，又有新的探索和发展。20世纪80年代初期，连环画迎来了黄金时代，成为一种名副其实的大众文化。1983年，全国出版连环画2100种，共计6.3亿多册，达到了全国当年出书总数的四分之一。从1978年到1985年间，人民美术出版社连环画工作者做了大量整理再版工作，同时不断开发新的选题，持续推出一些新的、有影响力的连环画作品。

1. 新绘《水浒》

20世纪50年代，人民美术出版社曾以副牌“朝花美术出版社”的名义出版过一套古典连环画《水浒》，这是新中国成立以来第一部将古典名著移植

20世纪80年代初期，连环画出版迎来黄金时代

为连环画的作品，是当时连环画界的一大力作。这套《水浒》中的人物造型严谨细腻，绘画结构准确统一，无论是市井人情还是沙场拼杀，都一丝不苟、栩栩如生，在当时受到广大读者的极大欢迎，并在第一届连环画评奖中获绘画奖。

然而不幸的是，这套连环画的制版稿在“文革”中遭到毁佚。“文革”结束后，在连环画出版事业的全面恢复和人民群众的迫切需要下，人民美术出版社决定让《水浒》连环画重新绽放光芒。从1981年至1984年，人民美术出版社新绘30集古典连环画《水浒》画库，并陆续出版。姜维朴曾为此画库写了专文，提道：“（20世纪）50年代至60年代人美老版《水浒》共26集，当时也几乎编绘到30集，为此我专门写了书面报告给萨空了社长，提出根据原著表现历史上农民起义的失败，是符合历史唯物主义的。萨空了同意了这个计划，于是便约编了4部脚本，但不久就赶上了‘左’的气候高涨，4部脚本还未约绘，便搁置起来。‘文革’中，4部脚本连同26集画稿一同被毁，只能重新组织绘画。于是又约请4位有编写经验和文艺素养较高的老同志分别编写了4部脚本（前面26集仍用原来脚本）。至此，画库全部画幅从老版的3117幅增至3549幅。”

这套新《水浒》结合了当代最优秀的老中青连环画画家，是改革开放后出现的不同时期画家联合创作的范本。老一辈的画家如赵宏本、王弘力、戴敦邦等，都宝刀不老，他们的巅峰之作也大都集中在这套《水浒》当中。王弘力本人就认为他画得最好的就是这套画库里的《杨志卖刀》。中青年画家如罗中立、施大畏、韩硕等，都在连环画界产生过重要的影响。以油画《父亲》而名震画坛的罗中立，正值在油画领域大显身手之时，却在《智取生辰纲》这部连环画中展现了令人意想不到的才华，无论在人物刻画、环境搭配上都表现得极为精细、完美。这部连环画可以说是他连环画创作中的经典之作。

新版《水浒》问世第一版即印刷了150万套，1984年第二版印刷达到180万套，常常是成书还未上市，就已经在读者中掀起了抢订的高潮，成为当时最受欢迎的古典名著连环画。

此外，人民美术出版社在这一时期陆续出版了连环画《杨门女将》《岳传》《封神演义》和彩色系列连环画《中国动物故事》以及为加强青少年科学知识教育的《科学家故事连环画》丛书等优秀连环画作品。总之，20世纪80年代初期，人们开始从长期封闭的社会中觉醒，思想解放成为当时中国文化的主导。这一时期的连环画作品，题材多围绕人

新版《水浒》重现经典

《十五贯》　王弘力 绘　获第二届全国连环画评奖绘画一等奖

性、人道、人格和人的价值观、幸福观、自由观等主题，在绘画的语言上也力求有新的表现和突破。

2. 第二届全国连环画评奖

1978年12月，《连环画报》召开座谈会，探讨改进连环画工作，并提出要恢复连环画评奖。1980年5月，文化部、中国美术家协会、国家出版局发出了《关于举办第二届全国连环画作品评奖的通知》，第二届连环画评奖活动于是开展起来。对于“文革”时期出版的连环画，此次评奖提出“在‘文革’期间创作、出版的作品，因受历史条件的局限，有个别差错，但其主流、基调是好的，而且目前仍再版和继续发行者，可以参加评奖”。这一条体现了评奖实事求是的精神和注意调动创作队伍积极性的因素。这在经过“文革”的洗劫之后，显得尤为重要。

第二届全国连环画评奖委员会1981年1月5日至13日在北京召开工作会，在对各地选送作品进行初评的基础上，又进行了严格的评选，最后评定获奖作品共110件。其中，由人民美术出版社出版的作品有《白求恩在中国》《十五贯》《白毛女》《无产阶级的歌》《东进东进》《伤痕》《三个法庭》《伤逝》《鉴真》《草原上的小路》等。此外，人民美术出版社的王里、王叔晖、阎大方、刘继卣、任率英、郑洵、徐兢辞、曹作锐还获得了连环画工作荣誉奖。

3. 成立中国连环画研究会

1981年2月，第二届全国连环画评奖之后，各地连环画工作者百余人聚首北京，召开连环画工作座谈会。在这次会议上，提出了建立中国连环画研究会的倡议，并推举姜维朴、阎大方、吴伯珩、黄若谷等四人组成筹备组，着手筹备事宜。1983年，中国连环画研究会正式成立，姜维朴当选会长，顾同奋、阎大方、王里、费声福、吴兆修、曹作锐、徐淦为理事。中国连环画研究会是新中国成立以来我国第一个全国性的连环画研究机构。至1985年底，全国已有12个省、市、自治区成立了连环画研究会。研究会的成立有助于广大连环画作者和出版家对连环画的脚本编写、绘画技巧等进行研究，促进了连环画事业的健康发展。

第三节　拓展新兴美术出版种类

一、成立人民美术出版社创作室

人民美术出版社一向重视作者的培养，从建社之初就团结了一批优秀的创作者。1978年，人民美术出版社全面恢复工作后，在社长邵宇的倡议和支持下，从各编辑室抽调了部分美术编辑人员组成创作室，专职从事美术作品创作工作，进一步集中、充实了出版社的创作力量，开拓了美术创作为出版服务的局面。当时，创作室成员有王叔晖、刘继卣、任率英、王角、林锴、张汝济、张广、徐希、楼家本。后姚奎、石虎、郭怀仁、赵晓沫、许全群又先后调进。由邵宇兼任第一任创作室主任，后由姚奎担任。直至1991年，因部分成员离退休和出国等，创作室才解散，共存在了13年。

人民美术出版社创作室从体制上保证并鼓励专业出版社出画家、出作品。虽然人数不多，但当时在美术界和社会上影响很大，几乎可以和北京画院、中国画研究院、中央美术学院并驾齐驱。创作室使得人民美术出版社的选题出版形成一个自产自销的良性运转模式，就像20世纪二三十年代商务印书馆的编译所，以自身体制之便承担大量自己创作的出版选题，进而形成人才云集的美术出版重镇，同时也对“人美”品牌建设起到了积极的作用。

可以说，20世纪80年代的美术出版界，是一个鼓励画家出作品的藏龙卧虎之地。老一代出版家要求出版社编辑兼画家的传统与这个时期的出版体制、制度相吻合。出版社的编辑同时又是画家，有些人甚至纯粹是以画家的身份立足于出版社。在这一点上，人民美术出版社并不是特立独行，上海、天津、江苏、湖南、江西、广西、河南、河北等地的专业美术出版社都涌现出一批编辑作者。美术出版社的编辑或画家出版个人画册、作品入选全国美展或参加学术团体展览，其况极一时之盛。

二、崭露头角的摄影画册

早在20世纪50年代建社之初，人民美术出版社就成立了专门的摄影室，负责拍摄美术藏品、石窟壁画以及各地出土文物等，为编辑出版工作积累了大量第一手的素材。十一届三中全会以后，邓小平同志提出了“旅游事业大有文章可做，要突出地搞，加快地搞”的号召，中国旅游业借改革开放之力跨入了一个全新的发展时期。人民美术出版社敏锐地抓住这一机遇，于1979年6月成立了旅游摄影编辑室，并确定编辑方针为“立足本国、面向世界，积极开展对外合作出版”，陆续出版了《中国的旅行》《漫游中国》《西藏》《中国摄影艺术作品选（1949－1979）》《陈复礼摄影集》等摄影艺术作品，获得了很好的社会效益和经济效益，也为输出版权做了有益的尝试。

1.《中国的旅行》

1979年初春，中国改革开放的春风刚刚吹起，人民美术出版社所在的北总布胡同就多了一道“东洋景”。一些西装革履的日本讲谈社编辑，许多身背三四台相机的摄影师，尤其是那辆日本红色越野车，不断出入人民美术出版社的大门，搞得胡同里的大爷、大妈们以好奇的目光驻足观看。他们不知道，中日之间的首次出版合作就是从这里开始的。

1978年9月，日本著名的松山芭蕾舞团访华。在这个代表团中有一位出版界的人士，他就是佐藤洋一。他是代表日本讲谈社前来与中国的出版管理部门进行接触的。此后不久，人民美术出版社就接到一项任务，与日本讲谈社合作出版五卷本大型彩色摄影画册《中国的旅行》。1979年3月，双方签订了《中国的旅行》出版协议。中日之间的首次出版合作就此展开。

《中国的旅行》共分五卷，分别是《北京》《天津和华北、东北》《敦煌和西北、西南》《上海和华东》《桂林和华中、华南》，内容囊括我国著名旅游地区的风景名胜、文物古迹。中日两国许多著名人士都积极支持《中国的旅行》的出版，廖承志先生为画册开篇作序，茅盾、阳翰笙、赵朴初、冰心、侯仁之、艾青、周而复、

《中国的旅行》

《中国的旅行》出版协议签订仪式

冯牧、陈舜臣及日本著名人士井上靖、平山郁夫、东山魁夷等都欣然为此书撰稿。人民美术出版社参加的同志也很多，据当时初到人民美术出版社工作、第二天就被安排参加《北京》卷编辑工作的吴本华回忆，邵宇社长每天都要听取关于《中国的旅行》的工作汇报，当时从事文字工作的有黄苗子、周绍良、任大心，从事摄影工作的有萧顺权、徐震时、卢援朝、郭青，还有从事翻译的方斐娜同志等。

人民美术出版社与讲谈社的工作人员混合编组，两月一批，奔赴各地进行拍摄采访。日程安排非常紧凑，常常是白天采访，晚上即打点行李奔赴另一地。五卷的拍摄采访工作历时半年多，于1979年底结束。以人民美术出版社一社之力，完成日方5个代表团的接待和在全国28个省、区、市约100多个市县的拍摄工作，得到了当地各外事、出版单位的支持。在各地采访时，采访组还邀请了一些地方著名摄影家参加拍摄，并且举办过多次摄影交流活动，促进了中日两国摄影家之间和中国地方摄影家之间的技术切磋。

这套书于1980年正式出版，曾先后再版4次，总发行量达到32.5万册。1984年，由于这套图书的畅

《中国的旅行》东北、华北卷编摄人员在辽宁千山

编辑组在内蒙古呼和浩特市郊区采访

参加拍摄工作的中日摄影师在准备升空的吊车上

签署《西藏》画册合作出版协议

销，两社再次合作，补充了中国新增的对外开放地区，于1985年又修订再版。这套图书的意义不仅在于向国外介绍了中国的大好山河，吸引外国游客到中国旅行，更重要的是，它适应了中国改革开放的需要，促使出版领域以更广阔的视野展望国际出版舞台，跟上时代进步的步伐。

2.《漫游中国》《西藏》

1980年，人民美术出版社再次与日本出版社合作，和日本美乃美出版社签订合作出版协议，出版了《漫游中国》《西藏》《中国少数民族服饰》《西藏佛本生壁画选》等大型画册。

其中，《西藏》由人民美术出版社、香港三联书店和西藏自治区文学艺术联合会联合编辑，以五百余幅彩色图片和近三万字的文字说明，较为系统全面、图文并茂地介绍了西藏的风光景物、寺院庙宇、风土民俗、名胜古迹、文学艺术与地方物产等。画册由《拉萨》《寺庙》《高原民俗》《历史》《文化艺术》《物产》六部分组成。1981年日文版首先出版后，1982年4月中文版问世。

《西藏》

三、开创之举的美术教材

人民美术出版社作为全国最大的专业美术出版社，自1978年以来多次承担编写各层次美术教材的重任，为普及美术教育、提高公民美术素质做出了突出贡献。人美教材不仅获得了专家的称赞，受到全国各地师生的欢迎，更形成了自身的品牌，成为人民美术出版社的支柱产业之一。

1. 新中国成立后第一套小学美术教科书

1978年12月，正值十一届三中全会召开之际，人民美术出版社出版了北京第一套小学美术教科书。这套教科书是人民美术出版社与北京教育学院合编，供北京地区使用的一套美术教科书。它力求恢复美术学科中的基础知识与基本技能，注重贴近小学生的生活与年龄特征，改变了“文革”中教材编写要突出政治路线的非正常状况。虽然在当时特殊的背景下还留有一些时代痕迹，但在美术基础知识和基本技能体系的探索方面，还原了教材的基本功能，在当时的美术教育界起到了引领作用。后来，各地美术出版社纷纷效仿，出版了种类繁多的地方美术教材。

2. 统编全国美术教材

1981年4月，国家教委组织上海市教育局中小学美术教材编写组编写，国家教委和文化部出版局联合发评论，由人民美术出版社出版《全日制小学试用课本・美术》《全日制中学试用课本・美术》。这是新中国成立以来我国首次统编全国美术教材并在全国发行，在我国美术教材出版方面是一项开创性的工作。这套教材的说明中指出：

“本着加强美育的精神，注重基础知识的教学和基本技能的训练，促进智力的发展，教材内容增加了中外美术作品欣赏的比重，并增添了手工制作。”这与当时全社会呼吁恢复美育的教育理念一致，扭转了“文革”时期的混乱状态，促进了人们对美术教育功能的认知水平。

3. 编写中等师范学校教科书

1982年，人民美术出版社受国家教委师范司的委托，依据当年颁布的《中等师范学校美术教学大纲》，编写中等师范学校的美术教科书，并于1983年5月出版。该书分《美术鉴赏》《绘画》《手工》《图案》《小学美术教学法》五个分册，是新中国成立后第一部中等师范美术教科书，在当时填补了中等师范教育没有教材的空白。

可以说，“文革”以后中国基础教育美术学科教材的许多个“第一本”都是在人民美术出版社诞生的。人民美术出版社以敢为人先的理念和勇气，促进了中国美术教育的进步，并逐渐成为全国美术教材编写和出版的重镇。

四、中外美术史论填补空白

从新中国成立到“文革”结束之前，中国美术论著品种极少。关于外国美术图书，出版社多编译出版有关俄罗斯、苏联美术以及由苏联出版的有关其他国家的美术图书，选题范围十分狭窄。

《罗丹艺术论》 1978 年

《思想者》 罗丹

《芬奇论绘画》

十一届三中全会后，随着改革开放步伐的迈出，国运民生发生了根本改变，出版界、文化界也枯木逢春。编辑意识转向为社会需要服务，视野向世界敞开。在这种形势下，人民美术出版社加强了中外美术史论著作的编写，《中国绘画美学史稿》《中国美术史论集》《中国工艺美术简史》《阿英美术论文集》《中国画论类编》《芥子园画传》《潘天寿美术论文集》，以及《罗丹艺术论》《印象画派史》《西洋绘画史话》《西欧近代画派画论选》《从德拉克洛瓦到新印象派》《毕加索生平与创作》《芬奇论绘画》等陆续出版。

1978年出版的《罗丹艺术论》，在当时的书荒年代是很多人的精神食粮，一年之内两次重印，印数高达11.4万册。北京大学张颐武教授在回忆初次阅读《罗丹艺术论》时提道："我还清楚地记得1980年的炎夏，我从当时流行的《罗丹艺术论》中看到《思想者》的照片时的激动。那种精神的焦虑与灵魂的搏斗，那种灵与肉分裂的痛苦如此强烈地冲击了我。它和我们在'新时期'所感受的时代氛围是如此一致。可以说《思想者》在那时成了我们的文化话语的象征，它体现了'新时期'中国文学的精神。它在照片、复制品和绘画中呈现的巨大的形象、浑然一体的和谐都构筑了一种梦想中的辉煌，让我们对那似乎不可企及的原作心往神驰。"可见这类图书给当时渴望知识更新和思想解放的一代年轻人以相当大的精神给养。

第四节 期刊方阵的形成：美术期刊的恢复与开创

一、老牌刊物相继复刊

“文革”开始后，除《人民画报》《解放军画报》与当时的“两报一刊”（《人民日报》《解放军报》《红旗》）以外，大多数期刊都遭遇了停办的厄运。美术类的期刊如《美术》《中国摄影》等更是在“文革”一开始就被迫停刊，而由人民美术出版社出版的《连环画报》和《漫画》则在更早的20世纪60年代初就已经停止出版。

20世纪70年代初，还处在“文革”时期的《连环画报》《中国摄影》在周恩来总理的关怀下相继复刊。“四人帮”被粉碎后，各大美术期刊也纷纷迎来了解放的春天。1979年，《连环画报》相继发表了白敬周的《最后一课》、姚有信的《伤痕》

引起激烈争论的现实主义连环画《枫》

《美术》复刊号封面

《美术之友》创刊号

及陈宜明和刘宇廉等编绘的《枫》等现实主义题材作品。可以说，20世纪80年代的《连环画报》是现实主义题材连环画的思想阵地，发表了一批如《草原上的小路》《白光》《人到中年》《嘎达梅林》《人生》等优秀作品，有力地推动了中国连环画在20世纪80年代中期走向又一个黄金时代。此时，《连环画报》位列全国十大畅销期刊之一，单期发行量达到120万册。

由人民美术出版社出版的另一本专业杂志《美术》，作为"美术界的《红旗》杂志"，于1976年3月复刊。复刊后的《美术》迎来了一个最活跃、最有影响力，也最辉煌的时期。1980年以来，《美术》杂志展开了关于内容与形式、现实主义艺术、人体艺术、"'85美术新潮"、中国画和油画创作、美术商品化等问题的学术争鸣，推动了中国转型期的艺术与艺术思想前进，缔造了一批艺术家和批评家，同时创造了一个群星灿烂的时代。

此外，《美术研究》《中国摄影》《中国书画》《版画》《装饰》《世界美术》等美术期刊也纷纷复刊，以全新的面貌归位美术期刊阵营。

二、期刊新秀不断加入

随着经济建设的不断发展，我国美术期刊的数量逐步递增，仅1978年至1988年创刊的就有118种。在此期间，人民美术出版社旗下创办的期刊也是新秀迭出。

1.《美术之友》

《美术之友》的前身是人民美术出版社为宣传、推荐自己的美术读物而编印的《美术书刊介绍》。它创刊于1953年，是文艺类"读书介绍"宣传品种中存在时间最长的"美术读物"。这份刊物当时评介、推荐了多种优秀美术图书，还推出过年画专号、连环画专号、学习毛主席著作专号，在美术工作者中有"小《美术》"之称，是当时广大美术爱好者的良师益友。

《美术书刊介绍》并不是单纯为书籍做广告的宣传册，从创办之初，它就具有一定的学术性和图书评介的性质，这在当时十分难能可贵，加上内容丰富、图文并茂，并且用彩色图片印刷封面和封底，受到了广泛欢迎。到了1956年，由于全国新闻纸张供应非常紧张，文化部要求全国所有“书刊介绍”一律停办，却唯有《美术书刊介绍》被批准改为收取成本费用而继续出版发行，可见它在业内的地位和分量。直至1964年，由于种种原因，《美术书刊介绍》才被迫停办。

改革开放以后，随着市场经济的发展，图书宣传工作日益得到重视，很多出版社开始编印《书讯》《书苑》等刊物。1979年，时任人民美术出版社社长的邵宇将吴葆仑从行政处调回宣传科，希望他主持《美术书刊介绍》的复刊。吴葆仑结合当时的情况，认为重走《美术书刊介绍》的老路已不符合时代发展。在与多位同志的研究商讨下，建议由多家美术出版社联合主办一本美术图书评论刊物。这个倡议得到了各兄弟美术出版社的积极响应。

1981年10月，正值人民美术出版社建社30周年，人民美术出版社与沪、津、辽、粤、湘等地兄弟美术出版社共同发起、召开了《美术之友》第一次编辑委员会会议。这次会议为《美术之友》确立了办刊的宗旨和方针：从泛泛地宣传图书，转变为具有丰富的知识性、艺术性、趣味性、资料性及学术价值的专业美术刊物。这次会议对《美术之友》的发展意义深远，影响至今。会议还决定刊物由人民美术出版社及天津、辽宁、湖南、岭南5家美术出版社联合主办，编辑部设在北京，由新华书店北京发行所发行。值得一提的是，《美术之友》的“联合主办”在新中国的出版史上是开先河之作，同时，也可以看出《美术之友》自创立之初就是各美术出版社团结合作的结晶，它不仅联系着出版社与读者，也联系着各兄弟出版社，起到了双重的纽带作用。

1982年1月，《美术之友》创刊号问世，第一期印发量高达20万册。此后，刊物的主办单位不断增加，至1983年发展到9家，至1998年已经涵盖了当时全国所有的26家美术专业出版社。《美术之友》的创办加强了美术出版人之间的沟通和交流，在美术出版人、美术爱好者和美术出版社之间架起了友谊的桥梁，同时在业界获得了良好的口碑，被誉为“美术界的《读书》杂志”。

2.《儿童漫画》

1978年，“文革”刚刚结束后的出版业“书荒”问题仍十分严重，社会上出现少年儿童们“叔叔阿姨，给我书”的呼唤。考虑到孩子们多年来看不到好书、好画，精神上得不到正确引导，而不良的东西却乘虚而入，社会上发出了“救救孩子”的呼声。同时鉴于这个问题在儿童读物上体现得比较集中，众力易举，搞好了可以起到先锋带头作用，出版局经中共中央宣传部批准，选择以少年儿童读物为突破口，在庐山召开了全国少年儿童读物出版座谈会。宋庆龄在这次会议上说：“党中央一举粉碎了‘四人帮’，同志们才有机会登上庐山，一起来讨论怎样出版更多更好的少儿读物，为培育下一代做出贡献。……通过你们座谈，迅速行动，让百花园中的少儿读物开得如梅花盛放。”

会议结束不久，人民美术出版社连环画册低幼组的负责人王里和老漫画家顾朴，以及编辑室的其他同人，就共同策划了期刊《儿童漫画》。1979年，这部刊物以24开彩印版面世。创刊伊始，它准确定位为面向小学中高年级，兼顾低幼儿童，以健康的思想内容、活泼的艺术形式、丰富的想象、浪漫的构思来反映儿童的现实生活，表现爱祖国、爱人民、爱劳动、爱社会主义的精神，对小读者们进行共产主义思想品德教育。刊载的作品，也都是请当时一流的漫画家们为孩子们创作的。

1986年4月，低幼组从连环画册编辑室分离出来，成立了儿童美术编辑室，下设《儿童漫画》编辑部，丁午、王里任主编。1987年，《儿童漫画》正式以双月刊的形式与读者见面，不仅为作者们提供了更广阔的创作园地，还开设了让小读者参与的栏目，使原创风格得到坚持。三年后，已不满足于两月一期的《儿童漫画》改为月刊。也正是在这个时候，国内漫画书、期刊市场已明确显示出盗版日本漫画所导致的对原创作品的巨大打击，但是《儿童漫画》没有轻易动摇，而是坚信“中国的漫画必须是中国的”。《儿童漫画》始终以一本国家级刊物的标准要求自己，扎根本民族深厚的文化积淀，适时吸收外部营养，为中国漫画的发展提供适宜生长的土壤。

3.《连环画论丛》

1980年8月，新中国第一本连环画理论丛刊在人民美术出版社创刊，姜维朴任主编。创刊号为32开。创办宗旨是：交流连环画文学脚本和绘画的创作经验，探讨连环画创作的艺术规律，评价连环画的新成就及优秀作品，介绍优秀连环画家的创作生活，研究连环画的发展历史，介绍广大读者对连环画的反映和国内外连环画的动态。

在创刊号上，刊登了7篇评论文章，其中有4篇是关于现实主义连环画《枫》的。1987年1月，《连环画论丛》更名为《连环画艺术》。

4.《中国书画》

1978年，人民美术出版社设立了《中国书画》编辑组，出版了《中国书画》丛刊。该刊以“在为人民服务、为社会主义服务的方向下，繁荣我国传统绘画艺术，促进对外文化交流”为宗旨，内容上选编了以现代题材为主的中国画及书法篆刻作品，以少量篇幅介绍了我国古代优秀书画遗产，并刊登了一些画论及评论文章，采用当时比较少见的8开本，由沈鹏担任主编。国外版发行至亚、美、欧三大洲。

5.《中国艺术》

《中国艺术》是以对外发行为主的大型综合性美术期刊。它创刊于1985年7月，由邵宇担任主编。以“振奋民族精神，发扬民族文化，不断提高我国文化艺术水平，并在国际间宣传我国历史文化和现代艺术成就，加强国际艺术交流”为宗旨，强调“艺术性和学术性，有长期保存和收藏价值”。读者对象为国内外专业艺术工作者、收藏家和有关专业团体。

6.《版画世界》

《版画世界》创刊于1983年初，由人民美术出版社《版画世界》编辑部编辑，以“继承和发扬鲁迅精神，为繁荣我国版画事业，推动国际版画友好交流，扩大我国版画在国际上的影响，注重发展我国群众版画创作”为宗旨，重点介绍中外优秀版画新作、中外版画创作成就和版画新技法。每期发表中外版画作品120余幅、文摘10篇。读者对象为专业版画家和业余版画作者。

可以说，20世纪80年代的人民美术出版社在全面恢复图书出版工作以后，期刊出版也日益壮大，形成了一个传统与现代并重、专业与大众兼顾的美术期刊阵营，并且在促进对外文化艺术交流上起到了积极的作用。

《版画世界》封面

第五节 国际交流与合作的深入

1978年，中国的国门才刚刚打开，这时便有了中日出版社之间的第一次握手——日本讲谈社代表团到访中国。随后，人民美术出版社视野逐渐开阔，迈开了走向世界的脚步。虽然那个时候，语言还是人们交流中的一个障碍，但是“美术”却以一种特殊的形式，实现了这一障碍的跨越。凭借这一优势，人民美术出版社的国际交流合作也异常活跃，在世界各地多次举办美术展、图书展及文化交流活动，“人美”的品牌在人民美术出版社走向世界的脚步中日益响亮、日益精彩。

一、设立外事办公室，首次开辟对外合作出版项目

1979年3月，为适应改革开放的新形势，人民美术出版社设立了外事办公室，以便开展对外出版工作。3月11日，经国务院批准，人民美术出版社与日本讲谈社签订了合作出版大型摄影旅游画册《中国的旅行》1卷至5卷的协议。这是我国首次开辟对外合作出版项目。可以说，这是我国版权贸易的起步。今天对贸易逆差问题格外敏感的中国版权贸易，却是从顺差起步的。

据中国版权贸易的推动者和拓荒者之一的许力以老同志介绍，在1992年中国加入《世界版权公约》之前，由于我们自身的原因和外国出版商对中

国市场的顾虑，我国的版权贸易主要以输出为主。《中国的旅行》就是这样一部我国图书版权贸易史上的开篇之作。

随后，1980年，人民美术出版社又与日本美乃美出版社签订协议，合作出版了《漫游中国》《中国少数民族服饰》《西藏》《西藏佛本生壁画选》等画册。1981年，又与该社签订了两项合作出版协议，编辑出版《中国工艺美术丛书》（计划40卷）、《中国彩色文库》（计划100卷），至1988年先后出版了上述丛书中的《贵州苗族刺绣》等11种、《新疆之旅》等20种。

二、举办画展活动，促进对外文化的交流

除合作出版外，人民美术出版社还利用自身特点与优势，积极策划、参与了形式多样的美术交流活动。

1979年6月，人民美术出版社与日本日中友好协会、中日友好画廊、日本版画协会、日本美术家同盟共同举办“中国现代版画展”。次年5月，在日本东京举办“中国现代画家作品展·人民美术出版

邵宇与日本讲谈社人员会谈并互赠纪念品

社画家作品展览”，中国驻日大使符浩为开幕式剪彩，并由日本形成社出版了展览画册。1981年，姜维朴赴日本参加“中国少数民族服饰展”开幕式，谭云森随中国出版代表团访问澳大利亚，王丕莱、陈惠冠赴意大利举办中国连环画展。1982年，王里随文化部少儿工作代表团访问菲律宾，赵筠随中国出版工作者协会代表团访问英国。1983年，田郁文随中国出版工作者协会代表团访问南斯拉夫。1984年，人民美术出版社与日本每日新闻社合作在东京举办中国现代画展，邵宇等6人应邀赴日参加开幕式和交流活动，陈允鹤访问南斯拉夫商谈合作出版，曹洁随文化部代表团访问捷克……

通过这些频繁的展览和活动，人民美术出版社展示了形象，与外国同行增进了了解，建立了友谊，密切了合作，在开放的舞台上游刃有余地展示自己的风采，达到了促进交流、增强合作的目的。

三、参加国际书展，立足国际出版市场

国际书展是现代社会蔚为风尚的一项重要文化活动，参加国际书展是对外文化宣传、促进文化交流、推动国际图书贸易的有效方式。新中国成立后，我国出版业参与的第一个国际书展是1956年的法兰克福图书博览会。改革开放后，出版界更加积极地参与有影响力的国际书展。人民美术出版社也不断推出精美的出版品，在国际出版舞台上频频亮相。

1983年，人民美术出版社参加了在苏联举办的第四届莫斯科国际书展。自从20世纪60年代我国与苏联在政治上的分歧公开化以来，双方的关系就处于紧张状态，文化交流基本停顿。改革开放以后，中苏关系逐渐缓和。1983年3月，苏联国际图书贸易公司向中国国际书店发函，邀请中国参加第四届莫斯科国际书展。经文化部请示后，国务院批准参加此次书展。在这次书展上，我国代表团共带去了《马克思恩格斯全集》《列宁全集》等二千余种图书，其中包括人民美术出版社各类画册五十多种。展品分马列著作、毛泽东邓小平著作、介绍中国社会主义建设成就的出版物、汉译世界名著、苏联和俄国作家著作的中译本、有中国特色的美术出版物等展台分类陈列。来参观的苏联观众之多、反响之热烈，大大超出了工作人员的预料。展品中最受欢迎的是有中国特色的出版物，尤其是美术出版物，在有语言障碍的情况下，能够生动直观地达到交流目的，传播效果尤佳。

这次书展真实地反映了中国改革开放之初的现实面貌，因而大大满足了二十多年来苏联人民想要了解我国真实情况的迫切愿望，也在苏联群众中消除了一部分人对我国的误解。

除莫斯科书展外，1981年和1983年，田郁文代表人民美术出版社赴德国参加了两届法兰克福书展。在这个世界上最负盛名、规模最大的国际书展上，人民美术出版社展出了《中国历代绘画——故宫博物院藏画集》《宋元明清缂丝》等八十余种图书产品，取得了很好的反响。

“文革”过后的人民美术出版社，在拨乱反正和改革开放的大好形势下，抓住机遇，全面恢复振兴出版工作，集中力量系统整理、出版了多套规模宏大的全集、选集。其中，尤以《中国美术全集》为最。此外，连环画出版以富有现实主义意义的作品引发了社会的广泛讨论与反思，并在20世纪80年代初期迎来了黄金时代。在对外合作出版方面，人民美术出版社又勇开先河，与日本讲谈社等出版社开辟对外合作出版项目，在我国出版业“走出去”方面进行了成功的尝试，重振了我国美术出版“国家队”的雄风。

第五章

欣欣向荣　稳步前进

1985—1997

20世纪80年代中期，随着我国国门的开放，美术界创作环境相对宽松，思想比较自由。年轻一代的艺术家接受了专业的学院教育，对新的艺术风格和形式充满渴望。他们不满足于沿袭苏联风格的艺术模式，转而从西方现代主义的风格中寻求出路。在各种观念的激烈碰撞下，一种以西方现代主义为特征的美术运动由酝酿到暗涌，并形成了“’85美术新潮”。

人民美术出版社在新中国美术这一重要的转型期，大胆进行改革和创新，调整出版机构，创新管理体制，形成了以美术专业出版、美术创作出版、美术教材出版、美术期刊出版为格局的出版体系，出版了如《中国美术全集》《中国历代艺术》等为代表的图书，并利用自身优势，积极推进版权合作，大步稳健地走向新的发展之路。

第一节 大好形势下的出版改革与创新

在市场经济条件下，无论是物质产品还是精神产品，都已纳入商品生产、商品流通的轨道。出版业也在很大程度上成为一种按市场规律运作的、以市场大众为主要消费对象的文化产业竞争机制的引入给出版事业带来了新的机遇和挑战。

一、1985年机构调整

为加强编辑出版工作的专业分工领导，1985年9月，人民美术出版社进行了机构调整：重新整合编辑室分工，分设现代美术、古典美术、图片、摄影艺术、期刊丛刊五个编辑室，另设摄影部、出版部、发行部、财务处。此后，经社委会研究决定，人民美术出版社又先后成立了儿童美术编辑室和调研室，并将社办公室纳入总编室，进一步精简机构，充实编辑室力量，任命了一批业务骨干为编辑室主任、副主任。

二、出版社内部管理体制的革新

1. 恢复成立社务委员会

1951年，人民美术出版社在建社之初就成立了社务委员会，共同领导出版社工作。1986年，人民美术出版社恢复社务委员会制度，并成立了改革开放后第一届社务委员会，成员包括田郁文、刘玉山、沈鹏、陈允鹤、顾同奋5位。1990年，社委会成员为陈允鹤、刘玉山、沈鹏、顾同奋、田郁文。

2. 实行聘任聘用制、干部计划管理

1992年7月29日，新闻出版署为了推进干部人事制度改革，加强对各直属事业单位聘用制干部的管理，调动干部的工作积极性，制定发布了《新闻出版署直属事业单位聘用制干部管理暂行规定》。《规定》要求“新闻出版署对聘用制干部实行计划管理。各单位必须在定员、定编、定岗的基础上，根据需要，在计划内聘用干部”。当年8月，人民美术出版社即实行处室干部聘任聘用制，并完成了各部门定编定员方案。

聘用制是市场经济条件下出版事业单位在人事管理上的一次革新。它破除了“干部终身制”的窠臼，有利于从优秀人才中选拔干部，同时也利于在职工中实现“效率优先，兼顾公平”的原则，形成良好的竞争与协作工作平台，从而使出版工作更加贴近市场的需要，实现社会效益和经济效益的双赢。

三、创新发行渠道：成立“美联集团”

20世纪80年代中期，全国美术出版社已由过去的十几家增加到三十几家。出版机构的发展、编辑队伍的扩大、出版品种的增加、图书质量的提高，使美术出版事业出现了新格局、新局面，同时也带来了新问题。其中，首当其冲的就是美术图书的发行。由于美术图书普遍存在着图书定价高，读者面有限，常销书多、畅销书少的问题，因此，书店一般不重视美术图书的销售，柜台少，品种不足，进货量也少。“出版

社出书难，读者买书难”的矛盾极为突出。

当时，其他的专业出版社联合体如高校出版社联合体等纷纷成立，并且在开拓市场的过程中，显示出特有的优势。正在图书市场中苦寻出路的各美术出版社为此也呼唤横向联合，从而形成合力，规范市场竞争。在众多美术出版社中，人民美术出版社由于历史长、规模大，且长期直属于新闻出版署管辖等诸多因素，义不容辞地担当起组织牵头的重任。

1990年10月，在新闻出版署的大力支持和倡导下，人民美术出版社和四川美术出版社联合在成都召开了首次全国美术出版社社长会议。这次会议迈出了全国美术出版社横向联合的第一步。出席会议的29家出版社的30余位社长、总编辑一致同意组建“中国版协美术出版研究委员会”，一致要求尽快召开全国美术图书发行工作研讨会。终于，在1991年初，首届全国美术图书发行工作研讨会在哈尔滨召开。在这次会议上，宣布成立“全国美术出版社发行联合会”，讨论通过了《全国美术出版社发行联合会章程》，人民美术出版社主管发行工作的张友元同志被推举为会长。为便于开展经营活动、开拓美术图书市场，1992年9月在成都全国书市期间，“全国美术出版社联合发行会”更名为“全国美术出版社联合发行集团”，简称“美联集团”。

1993年3月，美联集团在重庆举办了首届全国美术图书交易会。到会37家出版社、80多家书店，订货总码洋达到2100万元。交易会的举办既为出版社拓宽了销售市场，又密切了社店关系，使大家充分认识到发挥集团优势的重要性。美联集团成立10年间，共承办了18次全国美术图书交易会，总订货码洋达到15亿元，参加交易会的出版社由最初的30多家发展到50多家，参会书店由80多家扩展到150多家，参订品种由1000多种增加到1万多种，订货码洋也由2000多万元增加到2亿元。

回首美联集团走过的历程，兄弟美术出版社有一个共同的说法——“美联集团之所以有如此的作为，离不开人民美术出版社的奉献和投入”。作为美术出版社中的“老大哥”，团结各兄弟单位、共同拓展美术出版市场、实现美术出版的繁荣，是人民美术出版社的分内之职和必然之责。美联集团这种发行渠道，克服了美术图书市场格局较窄的劣势，开拓了市场，规范了行为，创新了营销，将在未来更好地发挥整体优势，为美术图书的繁荣做出更大贡献。

在哈尔滨召开的全国美术图书发行工作会议 1991年1月8日

第二节 捷报频传的美术出版：清晰的出版格局逐步呈现

作为专业美术出版社中的领军者，步入成熟与稳步发展时期的人民美术出版社，坚持社会效益与经济效益的高度结合，努力积累和传播优秀民族文化成果，形成了以美术专业出版、美术创作出版、美术教材出版、美术期刊出版为板块的出版格局。四大板块协调联动，覆盖了美术出版的基本类别，共同描绘人民美术出版社在新时期的发展蓝图。

一、美术专业出版

1.《中国古代木刻画选集》

早在20世纪30年代，我国著名学者和版画史研究家郑振铎先生就致力于搜集我国古代木刻画，并与鲁迅先生合编了《北平笺谱》《十竹斋笺谱》。1940年，郑先生编辑了《中国版画史图录》。新中国成立后，在担任文化部副部长期间，他继续搜集、补齐了从唐至清的版画资料，于1956年编写了20万字的《中国古代木刻画史略》，为编辑出版《中国古代木刻画选集》做了充分的准备。20世纪50年代末，《中国古代木刻画选集》的编辑工作因为郑先生的不幸去世而搁置。20世纪60年代初，李平凡和朱章超对书稿进行了补充、修改和校勘，并试制了部分图版，但是在“文革”中，试制的图版被毁，书稿也部分遗失。

1981年，在人民美术出版社原社长萨空了处找到了《中国古代木刻画选集》书稿的前半部分。之后，人民美术出版社的编辑同志又在郑振铎之子的帮助下，找到了后半部分书稿。在原始资料中，还惊喜地发现了1958年郑振铎飞机罹难前一个月自保加利亚寄给当时人民美术出版社领导关于《中国古代木刻画选集》的信。信中写道：“这类书，本身就是艺术品，在选纸、印刷方面，都必须事先考虑周到，甚至必须试印若干次再做决定。印刷用单色的，最好用珂罗版……”

经过几代人的努力，1985年2月，用珂罗版精心印制的珍藏本320套《中国古代木刻画选集》终于完成，共收入唐五代至清末的中国古代木刻画584幅。发行前，人民美术出版社特意请中央美术学院教师手拓了藏书票，还请潍坊杨家埠民间年画研究所制作了清代原版套色的民间年画印在绢上，制成精美的纪念卡，并盖上郑振铎先生的印章。

1985年，李平凡先生到日本访问时，带这部书去交流，日本方面专门为这部画册开了一个观摩会。有关方面专家仔细观赏后，都深为赞叹，认为其价值很高。后来，日本“日中艺术研究会”还专门派代表团来中国，向人民美术出版社赠送了“版画史出版功劳杯”。在1988年的莱比锡国际书籍艺术博览会上，该书获得了“世界最美的书”银奖。1989年，该书又获得莱比锡六年一次的国际艺术图书展金奖。

2.《故宫博物院藏明清扇面书画集》

这套画集是从故宫博物院珍藏的大量明清扇面书画作品中精选出400幅作品而辑成的，共分5册出版。该稿由故宫博物院组织专家组经过多年遴选编辑完成，人民美术出版社参与作品拍摄。画集在前言中分析了折扇源流、发展的历史遗迹、扇面的形式特点。每集图版说明简要介绍作家的生平及作品的艺术特色。画集在装帧上也别具一格，封面封底

凝聚着几代人努力的《中国古代木刻画选集》1988年获莱比锡国际书籍艺术博览会“世界最美的书”银奖

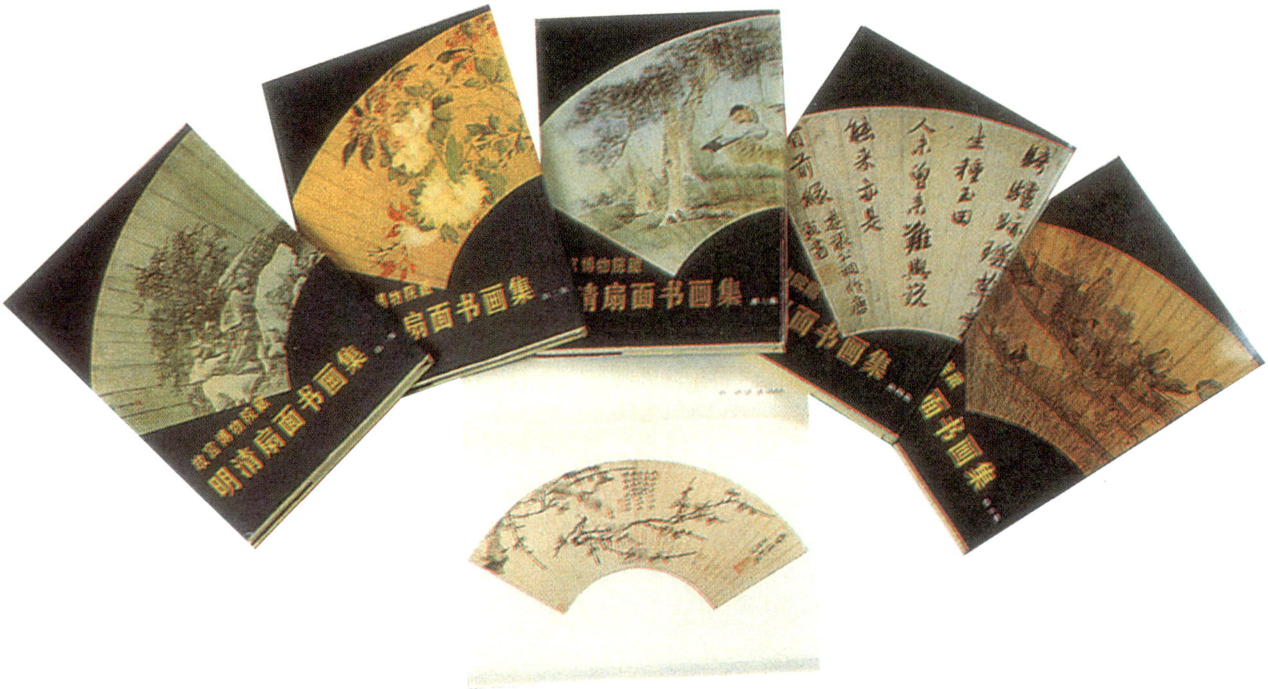

《故宫博物院藏明清扇面书画集》获莱比锡国际书籍艺术博览会“世界最美的书”铜奖

浑然一体，构图新颖。画集在1987年获得了莱比锡“世界最美的书”铜奖。

3.《中国美术分类全集》

60卷帙的《中国美术全集》自1984年开始出版后，成为国内当时艺术水平和出版水平最高的大型艺术图集，深受学术界、出版界和广大读者的一致好评，但由于篇幅的限制，所收录的内容仅涵盖了我国浩瀚的古代文化遗产珍品的一部分，尚不能比较完整地反映我国艺术发展的全貌。因此，1986年起，根据中宣部的指示，《中国美术分类全集》的出版开始进入筹划阶段。只是当时由于条件所限，仅由辽宁美术出版社出版了一本样书《敦煌壁画·初唐卷》。后至1990年春，由邓力群任总顾问的《中国美术分类全集》工作委员会召开了第一次工作会议。会议决定，《中国美术分类全集》计划出版400卷，其中，作为《中国美术分类全集》重要部分的《中国现代美术全集》由人民美术出版社牵头编集，48卷于1999年1月出版发行，系统展现了中国艺术家在翻天覆地的20世纪所创作出的丰硕成果，从而有力地反驳了“齐白石已成为中国艺术天际上最后一抹晚霞”“传统艺术已走上穷途末路”的偏颇论断。

可以说，20世纪80年代中期到90年代末期《中国美术全集》《中国美术分类全集》等大型图集的出版，与改革开放以来国家在政治、经济、科教等方面的繁荣密切相关，盛世修典，此亦为一例。

4.《中国美术五千年》《李可染论艺术》

1989年《中国美术全集》60卷本全部出版后，全集编委会又汇集了《中国美术全集》中的全部论文，形成了一部研究中国美术史的美术论著类图书

《中国美术分类全集》

中國美術五千年
第1卷
中國美術五千年 1
中國美術五千年 2
中國美術五千年 3
中國美術五千年 4
中國美術五千年 5
中國美術五千年 6
中國美術五千年 7
中國美術五千年 8

《中国美术五千年》

《李可染论艺术》

《中国美术五千年》。该套图书一共8册，分别是《绘画编》（上下）、《雕塑编》（上下）、《工艺美术编》（上下）、《建筑艺术编》和《书法篆刻编》，1991年出版。这部学术论著可以说是当时美术史论界的“重要出版物”，至今仍是许多艺术高校课程的指定参考书。

此外，人民美术出版社1990年版的《李可染论艺术》也是一本精良的画家画论。这部书由中国画研究院、人民美术出版社、中央美术学院、中国美术家协会共同编辑出版，搜集了李可染生前的论文、谈话实录、题跋和年表等，于李可染逝世一周年之际出版，并在人民大会堂举行了首发式，表达了人们对李可染“殒而不落，东方即白”的追思和悼念。

二、美术创作出版

改革开放以来，我国与国外的文化艺术交流愈发频繁，中国美术家接触到外国文化、哲学、美术的方方面面。在逐渐解禁、宽松、开放的社会环境中，一大批老艺术家相继复出，恢复了艺术的活力。高考制度恢复后，一批批进入美术学院深造的学子在画坛崭露头角，施展才华。各种美术思潮、美术现象接连涌现，激荡着画坛创作。人民美术出版社取其精华，力推精品，尽己所能为画家服务，为读者服务。

1.《中国近现代名家画集》——美术出版的“大红袍”

1993年，人民美术出版社、天津人民美术出版社、台湾锦绣文化企业三家出版社开始共同策划编

被称为“大红袍”的《中国近现代名家画集》

辑一套展现我国近现代著名美术家代表作品的系列画册，之后由人民美术出版社继续编辑出版。这套画册以丰富的内容、精美的装帧风貌获得了广大作者和读者朋友的喜爱，因其封面通体采用红色，又被大家亲切地称为“大红袍”。

画册在选题上选取了我国近现代最著名、最有影响力的中国画画家，力求广收不同的风格、流派，使作品尽量丰富多样。人民美术出版社首批出版了黄宾虹、潘天寿、朱屺瞻、黄秋园、石鲁、李苦禅、吴作人、吴冠中、关山月、黄胄10位画家的作品。除老一辈名家外，还陆续出版了当时在创作上富有创新、广有影响的画家作品，例如范曾、石虎、徐希、张广、宋雨桂等的作品。从中各精选数十幅作品，用八开平装的形式出版了《中国近现代名家作品选粹》系列画册，不但受到读者欢迎，而且印数可观，实现了社会效益和经济效益双丰收。

2.《中国摄影家朱宪民作品集》——摄影画册首摘国际大奖

1987年，人民美术出版社开始有计划地出版一批中青年摄影家个人专集。其中，人物抓拍快手朱宪民以“黄河人”为主要拍摄对象的《中国摄影家朱宪民作品集》在1989年的莱比锡国际书籍艺术博览会上获得了铜奖，这是中国摄影家画册首次在该奖项中获奖。国际著名摄影大师亨利·卡蒂埃·布列松为该作品集赠言“真理之眼，永远向着生活”。

3.《鸦片战争150周年教育丛书》——力挽连环画出版颓势

“文革”后，连环画也同其他艺术形式一样，呈现出蓬勃的发展态势。北京、上海、天津、河北等几家美术出版社都把历年来的精品重新再版，同时又组织画家绘制了大量的新作品。一时间，百花竞放，连环画事业一派生机勃勃。但就在这时，随

《中国摄影家朱宪民作品集》

《鸦片战争 150 周年教育丛书》

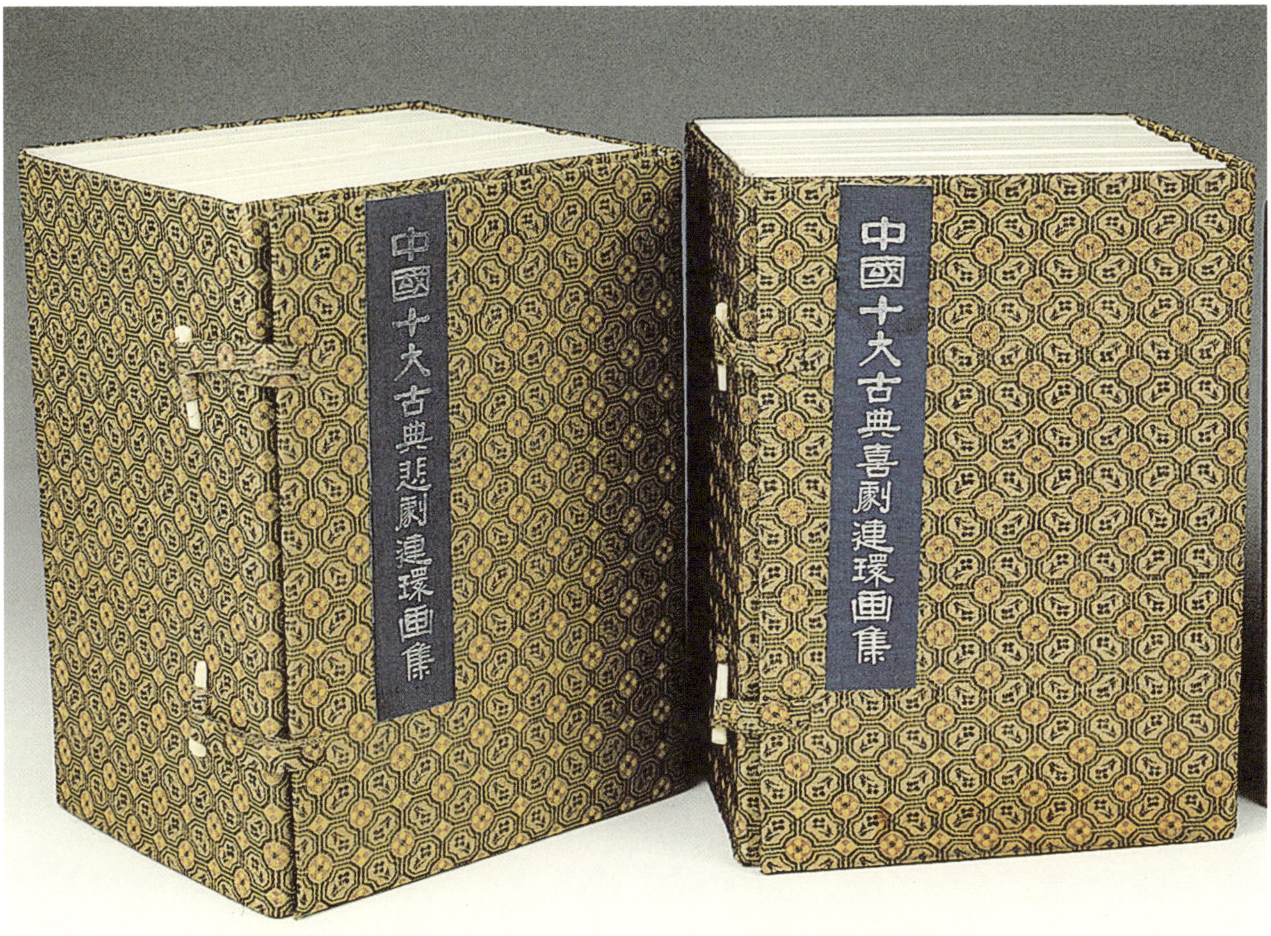

大型连环画册《中国十大古典悲剧连环画集》《中国十大古典喜剧连环画集》

着武侠热的升温，大量非正规的美术出版单位插足连环画出版市场，各种粗制滥造的武侠连环画批量印制生产，造成了供大于求的局面，市场很快达到饱和，造成大量积压，严重干扰了连环画读物的正常出版。

同时，外国的卡通画册也乘虚而入，大量印刷发行，使我国的连环画出版工作腹背受敌。加之电视开始广泛走进家庭，多种因素共同作用，导致20世纪80年代中期以后，传统连环画的印数急剧下降。1985年，连环画印数几乎在一夜之间从几百万、几十万降低到几万、几千甚至几百册。连环画出版如同经历了巨大的海啸，开始重新洗牌。许多非连环画专业出版社大都掉头而去，而以出版连环画为传统的美术出版社也纷纷将连环画编辑室撤销或者改出其他书籍。在这个关键时期，人民美术出版社选择逆势而行，分离连环画编辑室，另组建成立了中国连环画出版社。

1990年3月，《连环画报》编辑部和国家教委合作编辑出版《鸦片战争150周年教育丛书》24开本连环画，其中《鸦片战争图画故事》印数达40万册，创连环画册从低谷期走向复苏期的最高纪录。同年，人民美术出版社还编辑出版了《中国十大古典悲剧连环画集》《中国十大古典喜剧连环画集》大型连环画册，初版印数达到1万套。1995年，人民美术出版社以《爸爸妈妈读过的书》为题，选择以20世纪五六十年代产生过广泛影响的连环画为内容，分国内、国外题材两大类，再版了一批内容健康、深受小读者欢迎的连环画，共印制了15000套。此后，随着“连藏”的悄然兴起，一些有价值的老版连环画被陆续挖掘整理，又掀起了一轮再版热潮。可以说，无论在连环画的繁荣时期，还是处于谷底的艰难时期，人民美术出版社都始终以弘扬中华民族传统艺术为己任，肩负理想，矢志不渝地踽踽前行。

4. 京版年画——从“大众”转向“小众”

年画自古以来就是我国特有的、深受百姓喜爱的民间艺术品，但随着人民经济水平和文化素质的提高，居住条件的改善，以及影视、音像普及到千家万户，改变了过去单调的文化生活，年画不再是独领风骚的增添节日气氛、美化环境的文化需求品。

20世纪80年代，年画在全国的发行量仍有8亿张之多，但多为各省美术出版社为满足本地需求而印制的。苏州桃花坞、天津杨柳青等地年画出版依然繁荣，但作为没有自身基地的京版年画，印数每况愈下。加之受市场经济的驱动，以及年画发行主渠道经营观念和人为等因素影响，到20世纪90年代初，人民美术出版社不再组织全国性或地区性的年画订货会，且由于自身很难自产自销，出版的年画印量也大为减少。这种变化来自大众对年画日用需求的减少，节日角色的弱化在一定程度上影响了年画的印量。但在日渐升温的年画收藏市场上，作为中国民间的艺术瑰宝，年画早已为中外收藏者所珍爱，清末的《三星图》就在拍卖中已达到12万元的高价。

5. 宣传画——完成时代使命

关于宣传画的出版，在新中国成立初期和“文革”时期，人民美术出版社曾有过辉煌的时期，许多宣传画在全国范围内有过极大的影响。20世纪80年代中期，为配合全国妇联和民政部门工作，人民美术出版社编辑出版了《创造祖国美好的明天》《联合国国际妇女十年——平等发展和平》《全国工业普查》《为了残疾人》等宣传画，还曾配合中华全国总工会、共青团中央、中国妇联的工作，联合编辑出版中央工艺美术学院青年美术家创作的《中华腾飞》（10幅）系列宣传画，是新时期宣传画中比较突出的佳作。

进入多元化的信息时代以后，宣传画的需求日

《中华腾飞》宣传画之一《农村改革　形势喜人》　邵立辰

渐减少，创作和出版也逐渐退出主流，但宣传画作为一种艺术形式，在特殊的时代发挥过重要的作用，将被历史永久地记录下来。

三、美术教材出版

新中国成立后很长一段时间，我国的中小学教材一直由中宣部、教育部主管，人民教育出版社编写、出版。这种出版体制对新中国成立初期恢复中小学正常的教学秩序，起到了重要的作用。但是，随着时间的推移，尤其是改革开放以后，统一的教材出版体制已经不能适应我国教育的发展需求。

1986年9月，全国中小学教材审定委员会成立大会在北京召开。会上，原国家教委进一步明确了“一纲多本”的中小学教材编选原则，即全国统一教学大纲，各地、各单位或个人均可编写教材，经全国中小学教材审定委员会审查通过后，可向全国推荐，由各地选择使用。这一方针政策逐渐改变了一种教材“一统”大半个中国的局面，促进各地积极探索，进行教材多样化的改革。

人民美术出版社在20世纪70年代末就编辑出版了新中国成立后第一套小学美术教科书，80年代初又统编全国美术教材，在教材出版方面具有传统优势。20世纪80年代中期，随着教材多样化的政策出台和素质教育的提出，不少地方美术出版社都有了编写教材的积极性，教材市场开始出现竞争的局面。在这种形势下，人民美术出版社增强了教材编写力量，以不断进取的精神，使教材编写更具创新性，从而保持先导地位。这一时期，人民美术出版社重新编写了《小学美术课本（普及版）试用本》《中学美术课本（普及版）试用本》。20世纪90年代初，又依形势所需，率先编辑出版了《高中美术教材》，并经教委通过，向全国推广使用。可以说，人民美术出版社的美术教材经历了从单一到多元的发展历程，先后出版了从小学到初中、从高中到中等师范学校、从统编教材到具有地方特色的教材等等。人民美术出版社教材以科学合理的编写内容、精美的设计和印刷，深受广大师生的喜爱和推崇，在美术教材领域具有一定的权威性。

此外，有别于其他美术出版物，一套好的教材一经出版就需要有与之相匹配的师资力量。师资队伍不规范、水平不齐，对教材的理解和讲授肯定也存在难度，达不到很好的授课效果。为此，人民美术出版社还配合教材的发行，组织了各级各类的培训班，请专家对各地教研员和授课教师进行多方面的培训，以普及美术教育、提高教学质量为己任，领跑美术教材出版。

四、美术期刊出版

这一时期的美术期刊，既有面对国际化的探索，也有面对市场的自我调整，更有新秀的加入。

1.《连环画报》初试国际版

1986年，《连环画报》的年均出版数量以上千万计，考虑到满足海外同胞和国际友人的需要，人民美术出版社与香港中华出版有限公司、中国广告有限公司决定联合出版中英文对照的16开规格的

《连环画报》国际版创刊号

《连环画报》国际版。

国际版创刊号以中（繁体）、英两种文字配发，充分体现出画报国际化的特色，使更多的外国读者通过画报了解中国独有的连环画艺术。中文的使用有两层意思：一是广泛面向海内外华人，让国际版通过华人的影响而走向世界；二是对外国人学习汉语大有益处。可谓考虑周到，用心良苦。国际版在香港制版印刷，保证了最上乘的印制质量，首印便很快售罄，但遗憾的是，国际版最终“夭折”。当时，中国改革开放方兴未艾，但极“左”思想仍旧存在，受此影响，国际版只出版了这一本“创刊号”，就不幸夭折，只能待来日再整旗鼓了。

2.《中国中小学美术》创刊

在我国改革开放步伐加快的1992年，为配合中小学美术教学和“素质教育”，人民美术出版社创办了《中国中小学美术》杂志，从而使约两亿中小学生和近十万美术教师有了自己的基础美术刊物。杂

《小学美术课本（普及版）试用本》

志着重于研讨基础美术教育，总结全国美术教学的理论、教育方法和交流教学经验，服务学生和美术教师，解析基础美术的教学与创作，回答同学和教师提出的各种美术问题，提高教师的教学能力和水平，展示各地学生优秀作品，介绍各地的美术教学成果，随时向朋友们反映国外、境外美术教育发展状况。《中国中小学美术》现已成为学生增长美术知识、培养和发展美术才能的艺术苗圃，成为美术教师研究美术学科教育、交流经验的艺术园地。

3.《版画世界》变身《中国版画》

1983年，在人民美术出版社创刊的《版画世界》是一个瞭望世界版画的窗口。它大量介绍日本和欧美地区的版画，促进中外特别是中日版画的交流，对国内画家了解外国版画起了很大的作用。1993年，《版画世界》改名为《中国版画》，仍然在人民美术出版社出版。改刊后办刊宗旨有所调整，不是以介绍外国版画为主，而是

《中国版画》1993年创刊号

郑重介绍中国版画家的优秀成果，突出宣传中国版画家的创作，成为一个专业性更强、更具有中国民族性的刊物。

4.《漫画大王》应运而生

20世纪90年代中期，国内漫画图书市场一度被内容不佳、质量低下的盗版日本漫画占据。为了振兴本土漫画，给孩子们提供健康的新型漫画作品，1995年，中宣部和新闻出版署联合启动了“五一五五”动画出版工程，即力争在两三年内建立5个动画出版基地，重点出版15套大型系列儿童动画图书，创立5个动漫刊物。1996年1月，《漫画大王》应运而生。

创刊伊始，《漫画大王》就把思想性放在首位，坚决杜绝低俗粗陋、消极负面的内容，高雅而不说教，轻松而不轻浮，幽默而不低俗，避免对青少年读者造成视觉污染和不良影响，保证刊物思想性与艺术性并重。《漫画大王》在树立自身风格方面，也有过痛苦的经历。创刊之初，《漫画大王》刊载的多以日式漫画风格为主，其特点是画面连续性强、叙述流畅，一度取得了不错的发行效果，但是在其后的发展中，由于缺乏好的作品和鲜明的风格，《漫画大王》在与同类刊物的竞争中处于尴尬地位，发行量仅万册左右。

1998年，适逢人民美术出版社、中国连环画出版社、荣宝斋三家单位重组为中国美术出版总社，《漫画大王》与原隶属于中国连环画出版社的《少年漫画》风格、定位近似，形成了相互竞争的局面，进一步陷入困境。为了保证刊物质量，《漫画大王》进行了休刊调整。复刊后，《漫画大王》改变了之前以故事漫画为主的风格，转而以幽默漫画为主，主要刊登四格漫画作品。复刊后的试刊当期就发行了两万余册，得到了市场的认可。

《漫画大王》

第三节 丰富多样的版权交流与合作

文化的交流总是能够率先突破时代的坚冰。进入20世纪80年代以后，人民美术出版社率先与台湾出版界同人合作，联合出版《中国美术全集》繁体中文版，使两岸同胞在“三通”之前就试水文化产业合作。同时，人民美术出版社又积极与日本、苏联、新加坡、比利时等国的出版单位接触，通过版权贸易、合作出版、联合办展、参加国际研讨会等方式，活跃在国际出版舞台上，并始终在中国出版“走出去”的队伍中走在前列。

一、各类书展与学术交流

1. 香港首届“中国书展”

1985年12月12日至22日，新中国成立以来规模最大的书展在香港展览中心隆重举行。这次书展由中国出版工作者协会和三联书店、中华书局、商务印书馆香港总管理处联合举办，参展的出版机构包括29个省、自治区、直辖市和中央有关出版单位共240余家，期刊杂志社100余家，共展出图书、杂志28000种，包括中外文图书、杂志、画册、教科书及木版水印画、宣传画、年画、明信片等。

人民美术出版社在这次展览中共参展图书300余种，并向参观者提供了一批画家签名的特印本、珍藏本画册。在书展现场，北京荣宝斋和上海朵云轩的技师还现场表演了木版水印画的印制过程。这次书展在新中国出版史上是规模空前的，我国出版代表团与我国香港、台湾、澳门地区及来自世界各地的出版同行共同探讨发展出版事业的大计，建立和加深了我国与各地出版同行的友谊。

此外，人民美术出版社还积极参与了如中国台湾“大陆书展”、中国香港书展、新加坡世界华文图书展览、日本东京国际图书博览会、法兰克福书展等多个世界性的图书博览会，在走出国门、走向世界的道路上大步前进。

2. 法国“国际美术设计大会”

一本书如果没有封面，不经过装帧，
就像一个人赤身裸体——没穿衣裳。
作者给书以生命、智慧、思想……
我们来为它设计形态，配上合适的服装。

这是著名书籍装帧艺术家、人民美术出版社编审曹辛之在1985年12月发表在《人民日报》上的《装帧工作者之歌》中的诗句。书籍的装帧设计是图书出版工作的重要部分，尤其对于美术类图书来说，“看书看皮”，其要求自然更高。人民美术出版社的图书装帧设计工作一向走在艺术类图书设计的前列，有一批热爱装帧事业的老同志，如曹辛之、陈允鹤、曹洁、李文昭、邵景濂等，他们设计的图书作品多次在国际上获得荣誉。

1985年8月，人民美术出版社编辑曹辛之代表中国出版工作者协会参加在法国尼斯举办的“国际美术设计大会”，并在会议上介绍了我国书籍装帧形式的演变和现代书籍装帧工作的情况，同时结合

《中国历代绘画——故宫博物院藏画集》

讲稿内容放映了幻灯片，受到了与会代表的热烈欢迎。英、法、比利时等国家的代表还表示要复制幻灯片的内容。

3. 承办首届“全国优秀美术图书奖”评选

1991年，受新闻出版署委托，人民美术出版社筹备、承办了首届全国优秀美术图书评奖活动。这次活动是美术出版界的一次盛事，目的是展示改革开放10年来中国美术出版事业所取得的丰硕成果，进一步促进美术出版物质量的提高。此次评奖活动共有71家出版社送评了1168种美术出版物，最终评出267种获奖图书。

人民美术出版社的《中国美术全集》《中国古代木刻画选集》《中国历代绘画——故宫博物院藏画集》获得特别奖，此外还获得金奖4种、银奖9种、铜奖14种。同时，还举办了“'91全国美术图书展览会”和全国美术图书展销订货会，增进了出版社与读者、经销商之间的交流和联系。

4. 丰富多彩的联合办展

利用出版社与画家及各国艺术领域的良好关系，人民美术出版社举办了形式多样、内容丰富的展览活动，在图书出版之外进行更加多元的艺术交流，既促进了品牌建设，又结交了新朋友。这些展览和交流活动为我国民族艺术的繁荣做出了积极的贡献。

1986年1月，人民美术出版社和日本每日新闻社在东京等地合作举办中国画、版画展，邵宇率团参加开幕式活动。同年9月，沈鹏赴瑞典参加中国书法艺术展开幕式。1987年5月，人民美术出版社、文物出版社和日本讲谈社在中国美术馆联合主办“中日合作出版摄影展”。1989年9月21日至10月11日，人民美术出版社和苏联行星出版社在莫斯科联合举办中苏合作出版摄影艺术展，并应邀赴苏参加开幕式和交流活动。

首届全国优秀美术图书奖评奖初评会议

首届全国优秀艺术图书奖颁奖大会

二、开展出版合作

继改革开放之初与日本合作出版《中国的旅行》之后，进入20世纪80年代中期的人民美术出版社在合作出版方面具备了更加成熟的经验，前进的脚步更加自信。这一时期人民美术出版社与多地区的出版社建立了良好的合作关系，出版物的选题日益丰富，传播效果更加显著。

1987年，人民美术出版社与苏联阿芙乐尔出版社签署协议，合作出版《苏联藏中国民间年画珍品集》，这是人民美术出版社首次与苏联出版社开展文化出版领域的合作和交流。同年，人民美术出版社还与苏联行星出版社签署协议，以交换出版对等方式合作出版《中国》（行星版）、《苏联》（人美版）摄影画册。画册内容由出版社在对方国家挑选十个城市拍摄的资料编辑而成。苏联领导人1989年5月访华时，将苏联编辑出版的《中国》画册赠送给邓小平同志。江泽民总书记访苏时，将人民美术出版社出版的《苏联》画册赠送给苏联领导人。《苏联》还获得了第一届全国优秀图书铜奖。

此外，人民美术出版社还与英国牛津大学出版社合作出版了《穿过月洞门看中国》，与法国纳坦出版社

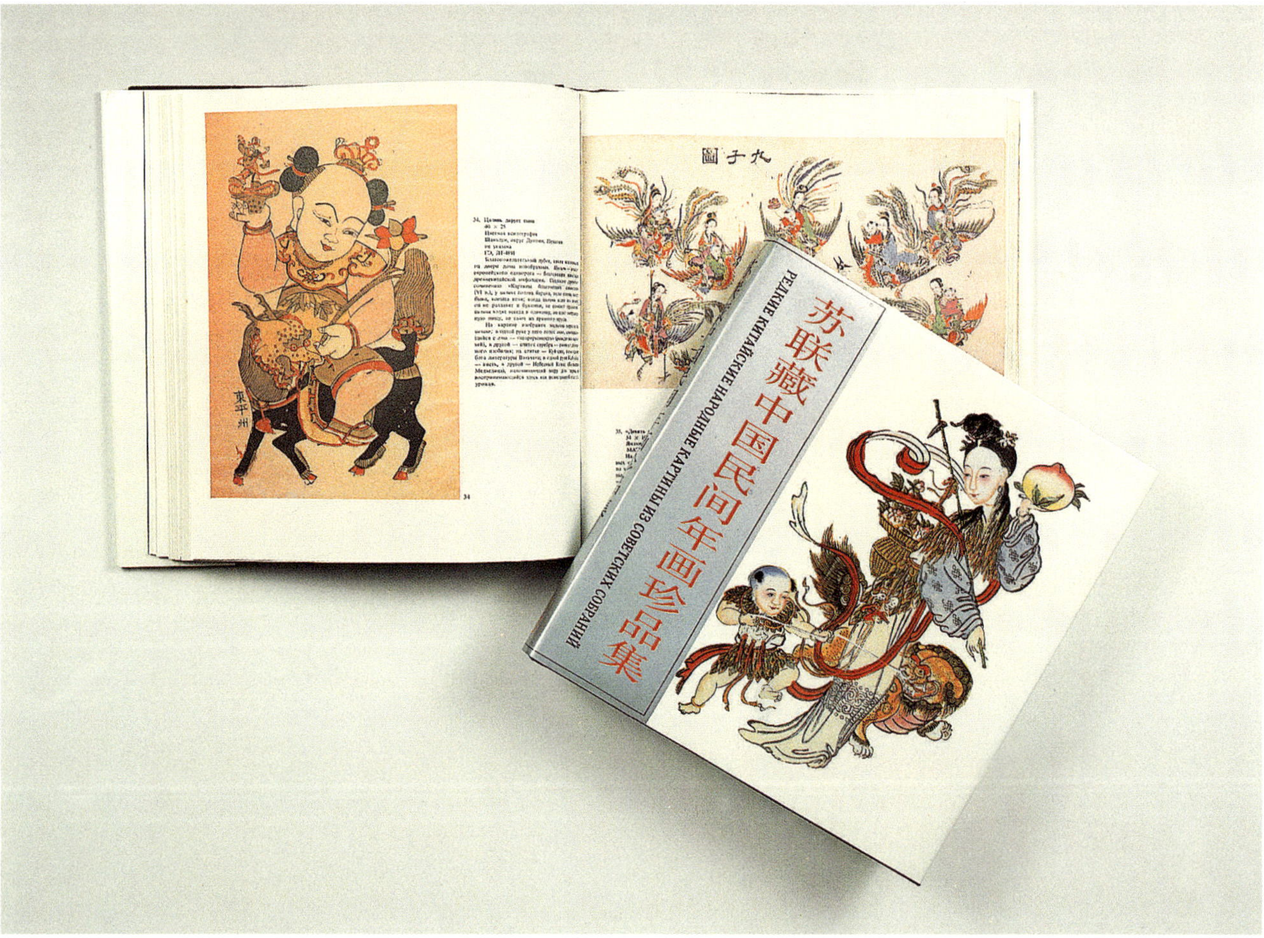

与苏联合作出版《苏联藏中国民间年画珍品集》

《苏联》画册书影

《苏联》画册编辑组在选片

邵宇与第一位来大陆访问的台湾出版界客人吕石明会晤

合作出版了《中国》摄影画册，与新加坡胜利私人出版有限公司合作出版了连环画《民间神话故事》，与中国台湾汉光文化事业股份有限公司合作出版了彩色连环画《中国古代神话故事》《中国童话精选》《世界童话精选》，与中国台湾锦绣文化企业合作出版了《中国佛教雕塑艺术》，如此等等，不胜枚举。

三、美术出版“走出去”的典型案例：《中国美术全集》的版权合作

辞典和大型画册是图书出版领域的两大“贵族”。《中国美术全集》自1984年首卷出版以来就受到海内外的广泛关注，以它的“典雅气质”赢得了极大的赞誉。人民美术出版社也在一直思考如何把《中国美术全集》推广出去，让这部“民族出版的纪念碑”走得更远。

恰逢1988年秋，台湾出版界第一位来访者——台湾锦绣文化企业总经理吕石明先生来到祖国大陆，以访问画家的名义与邵宇先生会晤。他被《中国美术全集》的魅力所吸引，当即与人民美术出版社探讨合作出版《中国美术全集》繁体中文版的意向。双方本着同为中华儿女、共负继承祖国艺术遗产和弘扬中华民族优秀文化之责的初衷，坚持互利原则，发挥优势互补的作用，真诚相待，谈判进行得很顺利。1988年9月，由人民美术出版社田郁文社长代表编委会与锦绣文化企业以设在香港的GENTY（真谛）代理机构为名，正式签署了合作出版《中国美术全集》60卷繁体

中文版的协议。这是海峡两岸首次出版合作。在两岸还没有实现“三通”的情况下，人民美术出版社与锦绣文化企业协力克服困难，诚意弘扬民族文化。整套书于1990年底如期完成，受到台湾读者的热烈欢迎，他们纷纷争购，先睹为快。首批3000套很快销售一空，后于1993年又再版1000套。双方不但在社会效益和经济效益上获得了双赢，更重要的是促进了两岸的文化交流，传递继承了民族文化精髓。

四、首次版权贸易造就“机器猫热”

20世纪80年代是我国改革开放日益深入的年代，也是文化氛围多元与宽容的启蒙年代。人民群众的物质生活水平不断提高，彩电、音响等高档家电也已进入千家万户。随之而来的是人们对文化的需求愈加迫切和多样化，大量的电影、电视剧、动画片等外来影视作品涌入中国市场，并与中国传统的出版文化产生了激烈的碰撞与较量。在传统连环画走入低谷的困难时期，人民美术出版社把目光投向了日本连环漫画，编译了当时并不为国人所知的《机器猫》。

当时，日本漫画在中国还是新鲜事物，在出版社的选题会上，很多人并不看好《机器猫》的出版前景，更有人认为这种连环漫画图文混乱，中国读者很难接受。最后，在“不妨一试”的想法下，于1987

田郁文与台湾锦绣文化企业吕石明签署协议

“80后”的记忆——机器猫

年3月出版了《机器猫——奇怪的雨伞》和《机器猫——未来世界的怪人》两本漫画图书。令人意想不到的是，《机器猫》系列图书一经出版，便迅速走俏大江南北。漫画中演绎出的一幕幕幽默有趣的故事，获得了国内广大少年儿童的喜爱，形象天真可爱的机器猫也成了他们的好朋友。1993年，人民美术出版社与日本小学馆、日本旭通讯社签署购买《机器猫》系列卡通连环画版权协议书，正式开始翻译《机器猫》43卷全本。这是我国加入《伯尔尼公约》和《世界版权公约》后，第一次按照国际惯例通过版权贸易的形式使用外国版权作品。

此后，《机器猫》接连出版，销售量节节攀升，甚至供不应求，不断再版加印。当时的人民美术出版社曾出现过空前的销售盛况，门前车水马龙，院内挤满想要购买《机器猫》的书商。这部在中国出版业少儿读物类图书中占据重要地位的连环漫画，在传统连环画暂时不景气、少儿读物青黄不接的时候，力挽了少儿读物出版的颓势，创造了销售量近千万册的可喜成绩，催生了一股“机器猫热”，它也最终成为老少咸宜的畅销书和常销书。

从更大的意义上讲，《机器猫》的出版标志着人民美术出版社最先从日本引进了连环漫画这种新的艺术形式，并在中国开创了连环漫画的先河，为我国出版业的少儿读物出版打开了一个全新的艺术领域，谋求了新的发展空间，并拉开了新时期中国动漫事业的序幕。

第四节　电子出版的探索与初兴

我国电子出版物起步于20世纪80年代中期。最初是一些拥有计算机设备的公司主动研发，其载体也仅限于光盘。20世纪90年代以来，一些图书出版社，特别是科教类出版社，根据出版业发展的需要，经新闻出版署批准，也先后积极开展电子出版业务。1992年8月，中国水利局文献出版社成功地试制出我国第一批专利文献CD-ROM光盘。从此，电子出版逐渐在我国起步并迅速发展。由于美术出版物本身具有适合发挥多媒体技术优势的特点，人民美术出版社也于此时开始关注电子出版物的开发工作，并走在了同类出版社的前列。

一、开拓电子出版

20世纪90年代初期，《中国美术全集》（古代部分）60卷完成后，社会反响很大，于是当时人民美术出版社就有了借助高新技术手段，推广普及这套图集的设想。这个想法得到了原国家计委发展司的支持。不久，出版社就得到了80万元的拨款，用作《中国美术全集》（古代部分）60卷电子版的前

北京银冠电子出版有限公司的音像制品

《世界文化遗产系列·故宫》光盘版

期开发。遗憾的是，经过近两年的试制，最终因效果不佳难以为继。总的来说，其中最大的制约是出版社的体制限制了高新技术人才的引进。于是，转变管理体制摆上了出版社的议程。

1996年初，人民美术出版社决定与北京银冠电子科技公司进行合作，以出版社出资源、银冠公司出技术的方式，继续谋求纸质出版物与多媒体电子出版物的综合开发和有效转换。北京银冠电子科技公司成立于1993年4月，成立的目的是希望通过运用光盘电子图书这一技术手段，解决中国的图书馆建设和发展问题。在1996年7月的“中国出版成就展”上，由人民美术出版社和银冠公司共同制作的CD-ROM光盘《乡土瑰宝》、《西游记》、《中国历代艺术》（全10盘）、《中国民间美术》（全10盘）与观众见面。多媒体的音乐、可交互的画面，吸引了大量观众和业界同行。国家领导人也驻足观赏，并给予了肯定和支持。

1998年4月，经新闻出版署批准，“北京银冠电子出版有限公司”正式成立。该公司在与人民美术出版社的合作中，制作出版了一批优秀的电子出版物，其中最为著名的就是在国际上首次获得大奖的《世界文化遗产系列·故宫》。

二、《世界文化遗产系列·故宫》获国际莫必斯奖

设立于1992年的莫必斯多媒体光盘国际大奖赛，是由欧共体和国际多媒体协会共同主办的，旨在推动多媒体技术和世界文化的交流与发展，注重鼓励作品

《中国美术全集》光盘版

的新选题、新创意、新技术，同时也重视作品的艺术性、民族性，为世界各国研究、制作、出版、发行多媒体光盘的人士提供一个观摩学习的窗口，举办地为法国巴黎。走上国际舞台，参与莫必斯奖的角逐，一直是我国电子出版界的一个目标。

1997年5月，人民美术出版社和银冠公司精心策划、共同编辑、联合制作了《二十四式太极拳》和《世界文化遗产系列·故宫》两个作品参加第六届莫必斯大赛。最终，《世界文化遗产系列·故宫》以其特有的魅力获得了大赛五个奖项之一的“评委特别奖”，成为我国电子出版物在国际大赛中首次获此殊荣的作品。该多媒体光盘共收录了近五百幅精美图片，以“导游”的方式结合动静穿插、音乐效果、超文本等功能，实现了对故宫的建筑艺术、馆藏珍宝、帝后生活三个方面的生动介绍，不仅集中体现了中华民族历史文化的精髓，具有典型的东方建筑特征与完美的艺术特色，还展示了改革开放后的中国出版界锐意创新的精神风貌。为此，莫必斯大赛的组委会还为第一次走上多媒体大赛领奖台的中国出版社准备了一份特殊的礼物——一瓶储藏了30年的法国波尔多红酒。

三、出版《中国美术全集》光盘版50盘套装

1998年3月，在经过多年的努力和尝试之后，被列为“九五”国家电子出版重点工程的《中国美术全集》（古代部分）光盘版终于得以问世。这套大型光盘仍然是由银冠公司和人民美术出版社共同开发制作的。为保证光盘版的制作质量，银冠公司投入了上千万元的资金。光盘所用图片均是从各出版社调出原片，以高分辨率扫描而成的，经过调色、校正等程序，高度保持了原作的真实性。图版说明在按图集文字录入计算机后，再打印成稿，经过三校后录入光盘，不仅确保了光盘版的准确无误，而且补正了原书在文图方面存在的个别疏漏。光盘版不但将原书辑入的一万余张图片尽收其中，而且充分发挥了多媒体的优势，设置了背景音乐与声音解说，增加了图片放大与浏览功能，设置了超文本检索。《中国美术全集》光盘版的出版为我国方兴未艾的电子出版百花园又增添了一枝绚丽的花朵，并且在首次“国家电子出版物奖”评选中，获得国家电子出版物奖荣誉奖。

从1985年人民美术出版社机构调整到1997年出版体制改革，这一时期的人民美术出版社发展日益成熟，形成了专业出版、创作出版、教材出版、期刊出版四个有机板块，格局清晰，自成体系，出版了大批不同门类的优秀作品，满足了国内各层次读者对美术图书的需求。在国际交流中，人民美术出版社以参加书展、举办艺术展览、版权贸易等多种形式，更加自信地发挥自身优势，进行灵活深入的交流合作。值得一提的是，人民美术出版社在我国出版行业中较早地参与电子出版，不甘人后地探索着信息时代传统美术的出版新路。

第六章

抓住机遇　做大做强

1998—2011

从改革开放后的逐步恢复到1985年改制后的大胆前行，人民美术出版社经过了20年的稳步发展，已经为迎接21世纪更大的挑战和使命做好了充分准备。处于世纪交替时期的人民美术出版社，似乎也注定要经历更多的变革与调整，也将要担负更多的责任与重托。中国美术出版的先行者和领军者，在新时期将迎来更大的机遇与挑战。

20世纪末的中国出版业，做大做强的呼声已经开始转为现实的行动，集团化已不再仅仅是一个口号，而逐步成为出版业内部裂变重组的中心和重点。美术出版也不例外。

第一节 做大做强的美术出版

从中国美术出版总社的组建，到成为中国出版集团的一员，“做大做强”方针指导下的美术出版，获取了一个又一个发展的广阔平台，而与之有关的改革与调整，也在有条不紊地进行。

一、“造大船”：成立中国美术出版总社

1997年1月的全国出版局长会的中心议题，就是新闻出版如何加快改革步伐、如何“造大船”。当时，上海、辽宁、吉林等省市已在酝酿集团化发展的改革方案。这对于人民美术出版社等新闻出版署直属的二十多家出版单位来说，挑战已经明显地摆在了面前。当年5月，一个经署党组批准的三家美术出版社单位——人民美术出版社、中国连环画出版社和荣宝斋重组筹备组成立了。

1997年9月的“十五大”报告也明确指出了要“对国有企业实施战略性改组。以资本为纽带，通过市场形成具有较强竞争力的跨地区、跨行业、跨所有制和跨国经营的大企业集团”。李岚清同志视察新闻出版署时也指出：“新闻出版业的改革，就是

人民美术出版社、中国连环画出版社、荣宝斋三单位重组后，新闻出版署领导与三个单位新老领导班子成员合影

要以提高集约化程度为重点，上了规模就有竞争力，注意应从法律、经济和行政手段三结合的角度来考虑怎样进一步推动联合和集中。这样，新闻出版业就能走上正轨。”在这样的时代背景召唤下，美术出版的“大船”已经开始打造起来了。

1998年4月6日，新闻出版署下发《关于同意人民美术出版社、中国连环画出版社、荣宝斋出版社重组改革实施方案的批复》，根据此文件精神，三单位重组成立了中国美术出版总社。新闻出版署党组任命郜宗远为董事长，迟乃义、刘玉山、张均康、程大利为副董事长，张友元、徐世斌、叶水旺、马五一、王铁全为董事。根据人〔1998〕348号文件，三单位重组后，中国美术出版总社所属人民美术出版社原有性质不变，具有法人资格，荣宝斋出版社、连环画出版社为人民美术出版社副牌社。同时，新闻出版署党组决定，郜宗远任人民美术出版社社长，刘玉山任总编辑，程大利和迟乃义任副总编辑，张友元任副社长，叶水旺任人民美术出版社工会主席。

历时一年的三单位资产重组工作，跨越了观念、体制等各方面的障碍，终于以“中国美术出版总社”的成立而宣告圆满完成。但人美人深知，大戏台搭起来后，内部诸多头绪十分繁杂，仍有许多亟待解决的问题。继续深化内部的改革，则是摆在他们面前更大更长期的任务。

二、成为“中国出版集团”的重要一员

中国美术出版总社的成立，只是“造大船”的第一步。在中国出版业做大做强的通盘棋局中，还有更大的一步棋局蓄势待发。2002年4月，中国出版集团成立大会在人民大会堂举行，下属的商务印书馆、中华书局、三联书店、人民文学出版社、中国美术出版总社、人民音乐出版社、中国大百科全书出版社等13家大型署直单位拥有员工5000多人，总资产约50亿人民币，2001年销售收入约25亿人民币。

由党中央、国务院批准组建，由中宣部直接领导，新闻出版总署实施行业管理的中国出版集团，正是中国出版业适应新形势要求、深化出版改革、加快产业发展的一项重大举措。集团成立后，将在两到三年时间内完成内部资源整合、结构调整和业务重组，形成有效的资本积累和规模经营，力争早日建成主业突出、实力雄厚、管理科学、效益一流的大型出版集团。

2004年3月，国函〔2004〕22号《国务院关于中国出版集团转制为中国出版集团公司并授权管理国有资产等有关问题的批复》下发新闻出版总署，指示：“同意将中国出版集团转制为中国出版集团公司。工商总局依照国家有关法律法规对中国出版集团公司进行企业法人登记……中国出版集团公司以资产为纽带，对所属企业依法实行资产或股权管理。保障所属企业经营自主权，鼓励有优势的出版、发行企业通过市场方式组建有竞争力的运营主体。中国出版集团公司及所属企业要按照‘产权清晰、权责明确、政企分开、管理科学’的要求建立现代企业制度，自主经营，自负盈亏，照章纳税。中国出版集团公司内部事业单位转为企业。”

“肩负着建设先进文化和参与国际竞争的双重历史使命”的中国出版业的“航空母舰”终于出航了，而随之而来的改制和内部调整，则为“航空母舰”更好地航行于全球出版业而积蓄能量。这其中，作为重要成员的中国美术出版总社，也同样能够深切地感受到这双重历史使命的分量。

三、中国美术出版总社“五社一中心”格局的形成

中国美术出版总社成立后，经过短暂修整，继续开始深化内部改革，从而逐步形成了“五社一中心”的内部格局。“五社”即人民美术出版社、荣宝斋出版社、连环画出版社、朝花少年儿童出版社和报刊社五家出版部门，“一中心”则是教材中心。除此之外，还有“一斋”（荣宝斋）和“一院”（荣宝画院）。

这一格局的形成，不仅是中国美术出版总社内部管理体制改革的核心成果，更是其在新形势和新机遇下自身资源的有效配置和调整过程。“五社一中心”的格局，是人民美术出版社经过50年的发展逐步积淀而形成的，它进一步明确了中国美术出版总社的专业出版优势，并给予每一专业出版板块以独立、有效的运作平台，有利于提高出版效率和两个效益。至2002年，此项改革才全面到位。之后的中国美术出版总社，规模效益逐步显现出来，各类美术图书的全国市场占有率不断提升。

而2008年根据新形势下总社的发展要求，荣宝斋分立，“五社一中心”的格局被打破。

四、集团化改制下人民美术出版社的经营管理

中国美术出版总社的成立、集团的创建，都给人民美术出版社在21世纪的发展提供了更加广阔的平台，同时也带来了崭新的课题和挑战。为适应新形势、新角色和新属性而进行的内部经营管理方面的变革，是人民美术出版社迈入21世纪时必须要进行的。

1. 内部的机制改革

在中国出版业的整体调整和改革的背景下，在中国美术出版总社和中国出版集团的内部调整和机制改革的带动下，人民美术出版社的机制改革势在必行。

2001年10月，郜宗远社长主持召开社委会，研究审定《总社改革方案》。2002年1月，开始研究落实总社改革方案有关事宜。5月，总社实施责任制改革：吴本华任人民美术出版社图书出版中心总编辑助理，张建平任荣宝斋出版社总编辑，刘延江任连环画出版社总编辑，汤锐任朝花少年儿童出版社总编辑，林阳任中国美术出版总社报刊社总编辑，欧京海任中国美术出版总社教材中心主任。

2008年，根据中国出版集团的重组计划，荣宝斋和中国美术出版总社分立后，两者将各自独立改制上市。2009年，分立工作结束后，根据集团改制上市的要求，中国美术出版总社的改制上市工作也加快了脚步。

2. 管理的变化和调整

机制改革的同时，内部的出版管理和控制也在进行。近年来，人民美术出版社在图书质量管理、选题策划和论证、编辑岗位责任制、发行绩效考核、资金预算与运行等方面都进行了一定的探索和调整，以进一步适应整体机制改革的要求。

2002年7月，社委会讨论通过《中国美术出版总社图书质量管理暂行办法》《中国美术出版总社自费书出版管理规定》《中国美术出版总社样书管理办法》《中国美术出版总社出版单位干部电话费补贴暂行办法》等文件。2004年3月，人民美术出版社图书出版中心成立选题论证委员会，对各编辑部提出的选题进行统一论证。2006年4月至5月，为加速出版发行体制的改革，适应中心资金预算和经营管理工作的需要，《人美图书出版中心出版发行部实行内部独立核算办法》《2006年编辑岗位责任制实施细则》《人美图书出版中心2006年资金预算及资金运行暂行办法》先后下发执行。

中国美术出版总社社长郜宗远主持召开工作会

3. 经营领域的扩展与合作

人民美术出版社其实一直都在积极地利用有效的资源探索经营领域的扩展与跨地区的合作，改革开放后与深圳合作经营“朝花书画社”一举就是有力证明。而新的出版平台的搭建，特别是现代信息技术对出版业的影响也使得人民美术出版社的经营范围不断扩展。在原有的电子出版业务和资源的基础上，人民美术出版社采取与业外有技术优势的电子科技公司合作的方法涉足电子出版领域。1998年，新闻出版署下发批文，同意人民美术出版社与北京银冠电子科技公司合办“北京银冠电子出版有限公司”。人民美术出版社任命吴本华为公司总编辑、文永利为公司总经理。选择与科技公司合作而非自己独自涉足电子出版的方式，其实是人民美术出版社审时度势、充分认识自身优势和资源的一种经营策略体现。由人民美术出版社提供内容、科技公司负责技术的资源配置方案更有利于双方优势的发挥，以达到优势互补的效果。

除此之外，在美术印刷方面也实现了跨地区的经营合作。2001年5月，与山东新华印刷厂合资创办的“北京燕泰美术制版印刷有限责任公司”正式投入运营，经营领域得以逐步扩展。

4. 人事制度、绩效考核等的调整

企业内部改制还体现在人事制度和绩效考核方

中国美术出版总社

面的变化。2007年3月，《编辑岗位责任制实施细则补充规定》施行，将选题策划、计划执行纳入2007年绩效考核范围。2008年，根据中国出版集团中版工字〔2008〕3号文《关于“中央直属机关在职职工（会员）重大疾病互助保障计划”》精神，总社工会为职工（会员）办理了参保的相关手续，并开始落实《关于建立和完善职工代表大会制度的实施办法》《劳动争议调解委员会工作规则》及《关于深入开展建设职工之家活动的意见》等文件。2009年2月，总社社委会讨论通过了总社组织机构设置、《关于中层管理人员竞聘上岗通知》《关于中层管理人员选拔聘任办法》，并成立总社考核领导小组和总社工会职代会。2009年5月，成立了“中国美术出版总社临时劳动争议调解委员会”，并通过了《中国美术出版总社待岗员工暂行管理办法》《中国美术出版总社员工内部退出工作岗位暂行办法》。

至2009年上半年，总社完成了内部机构重组、中层干部竞聘上岗和全员聘任工作，完成了总社工会小组长的改选和职代会的筹建工作。2010年11月，总社首届工会会员代表大会召开，会议选举产生了新一届工会委员会主席、副主席、委员以及工会经费审查委员会主任、代表等人选。同月，还召开了女工会员代表大会，并成立了女工委员会。

第二节 新平台上的美术出版

经过集团改制和出版社机制改革、机构调整和经营管理的变革后，人民美术出版社的发展获得了新的平台和机遇，出版重点集中在教材出版和专业出版方面。

一、教材出版与推广

教材对于一个国家国民教育的加强和民族意识的培养具有十分重要的意义，教材建设则是关系到国家的学术研究水平和国家的教学质量的重要工程。美术教材的建设对于国民美育水平的提升和国家艺术研究水平发展的作用是显而易见的。而且，教材出版作为出版业的重要组成部分，因其良好的社会效益和可观的经济效益，一直深受出版社的青睐。美术教材的建设和出版工作，既得到了国家层面的重视和支持，同时也是美术专业出版社应尽的职责和应担负起来的历史重托。

改革开放以来，人民美术出版社一直都非常重视美术教材的建设，尤其强调教材的编辑、出版和发行推广环节的系统性和统一性。美术教材出版逐渐成为社里的支柱产业，并呈现出了“教材出版多

展望 2010 年中国中小学美术教育研讨会

层次，发行推广多样化”的特征。进入21世纪之际，伴随着国内教育理念的发展与变革，美术教材的出版工作也将面临新的要求和挑战。

1. 基础教育美术教材

在步入21世纪之前，国内教育界对“未来新世纪需要什么样的人才”和教育的走向展开了讨论。1999年6月13日，国务院颁布《关于深化教育改革全面推进素质教育的决定》，教育部的课程改革工作也开始启动，人民美术出版社积极响应，并参与了《义务教育美术课程标准》的研制工作。2001年，教育部颁布《基础教育课程改革纲要》和《义务教育美术课程标准》，并采用招投标形式组织编写与之配套的美术教材。人民美术出版社编写的《义务教育课程标准实验教科书美术（实验本）》，以先进的教学理念和精美的图文编排一举中标，并于2001年顺利通过全国中小学教材审定委员会初审。该套教材凸显美术的人文性，注重学生文化背景学习的拓展，并对21世纪公民必备的美术素养进行了探讨。该套教材于2006年出齐，共18册。

1999年，北京市先于国家教育部研究启动“北京市21世纪基础教育美术实验教材”，随后出台了《北京市21世纪基础教育课程改革实施方案美术课程标准》。在此《标准》指导下，人民美术出版社与北京教育科学研究院合作，从2001年起编写出版了18册《北京市义务教育课程改革实验教材》。该套教材强调北京作为国际大都市的地域特点，从内容到排版和开本都有很大的超前性。比如教材中率先编入世界文化遗产和非物质文化遗产的内容，大胆引入现代艺术的有关内容，采用启发式的教学方式对学生提出问题并引发学生思考、讨论、探究，取得了良好的教学效果。2009年，“北京市九年义务教育实验教材修订工作会议”召开，人民美术出

北京市义务教育课程改革实验教材

版社又开始着手该套教材的修订出版工作。

同时，人民美术出版社还参与了北京市写字课教材的编写工作，在1993年至1995年完成小学阶段写字教材出版工作的基础上，2005年又增加了中学阶段的内容。2008年，人民美术出版社还积极探讨写字课教材的跨地区合作编写，与四川省教育科学研究所初步达成协议，在2009年秋双方合作出版新编小学写字课教材。

在中小学美术教材的推广方面，人民美术出版社也积极深入各地，组织教师培训会，讲解“人美版”教材的编写思想和教学方法，并支持美术教师说课基本功大赛，以提高美术教师对本教材的理解能力和教学水平，从而充分提升教材的使用价值。

2. 高中美术教材

自从国家教委于1991年决定在全国部分省市高中试验艺术欣赏选修课，人民美术出版社就抓住机遇，与国家教委基础教育司合作，由国家教委基础教育司编写，于1993年出版高中美术选修课教材《美术欣赏》、《欣赏基础》（实验本），并向试验区发行，新中国成立以后的第一本高中美术教材就这样诞生了。1996年，在国家教委体育卫生与艺术教育司的全力支持下，编写出版了《高级中学美术课本》（试用），经国家教委中小学教材审定委

美术类初高中教材

高中美术选修课教材《欣赏基础》（实验本）

《普通高级中学艺术欣赏·美术》

员会审查通过，在全国发行，这也是全国第一本经国家教委中小学教材审定委员会审查通过的高中美术教材。根据高中美术教学的需要，人民美术出版社在2003年对原《高级中学美术课本》（试用）进行修订，在美术作品欣赏的基础上，加入了部分美术实践课程，更名为《普通高级中学艺术欣赏·美术》（上下册）。

步入21世纪的课程改革中，艺术学科被教育部定为高中阶段的必修课，并于2003年颁布《普通高中美术课程标准》。人民美术出版社据此编写出版了5个系列、9册模块内容的教科书——《美术鉴赏》《绘画》《雕塑》《设计》《工艺》《书法》《篆刻》《摄影摄像》《电脑绘画 电脑设计》。该套教材以“建构主义”教育思想为基础，强调以学生为本，以问题研究为主，培养学生的动手能力和解决问题的能力。2006年，该套教材全部出齐。

近几年，为了配合高中美术教材的发行与使用，人民美术出版社经常派人深入各地，了解各省市高中教改的情况，并对“人美版”美术教材的发行和培训问题与各地教育部门和出版单位进行深入切磋，以保证高中教材的有效推广和使用。

3. 中等师范学校美术教材

在中等师范学校美术教材的编写出版方面，人民美术出版社曾推出过新中国成立后的第一部中等师范美术教科书，填补了当时中等师范教育没有教材的空白。1994年，依据国家教委的有关教学方案调整，并受师范司委托，组织编辑出版了《中等师范学校美术教科书》系列。

随着教育形势的发展，中等师范学校学制逐步改为四年制或五年制，人民美术出版社在1999年根据教学大纲完成《中等师范美术课本》的修订工作的同时，在1992年版三册教材基础上，于2001年出版了增编的第四册，供全国使用。

4. 高等美术院校教材

在巩固中小学美术教材市场的基础上，人民美术出版社把近几年的教材出版重点放在全力打造高校艺术教育图书产品线上，为此专门成立了艺术教育编辑室，2009年11月改为“艺术教育研发中

高等教育“十一五”全国规划教材
中国高等院校美术专业系列教材
中国山水画技法
白雪石 著
普通高等教育“十一五”国家级规划教材
中国高等院校公共艺术课系列教材
中国古代书籍装帧
杨永德 杨宁 著
普通高等教育“十一五”国家级规划教材
中央美术学院造型基础系列教材
解构人体
艺术人体解剖
孙韬 叶南 编著
高等教育“十一五”全国规划教材
中央美术学院造型基础系列教材
素描教学
袁元 主编
高等教育“十一五”全国规划教材
中央美术学院造型基础系列教材
色彩教学
高天雄 主编
普通高等教育“十一五”国家级规划教材
中国高等院校美术专业系列教材
中国画画鸟技法
高等教育“十一五”全国规划教材
中国高等院校美术专业系列教材
雕塑艺术
吴少湘 著
高等教育“十一五”全国规划教材
清华大学美术学院设计基础系列教材
视觉表现
普通高等教育“十一五”国家级规划教材
中国高等院校公共艺术课系列教材
中国民间美术概要
人民美术出版社

美术类“十一五”规划教材

“十二五”普通高等教育
本科国家级规划教材

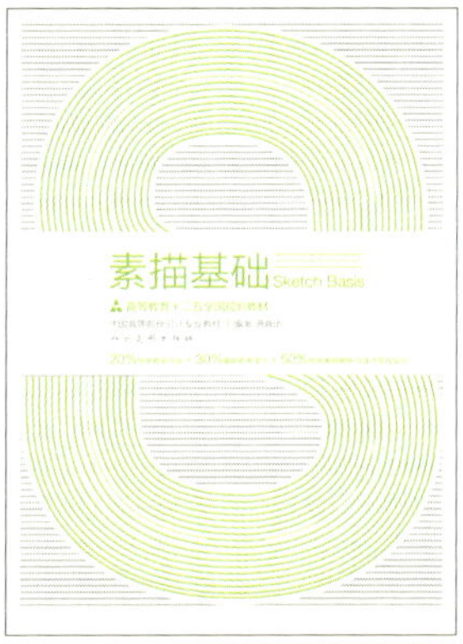

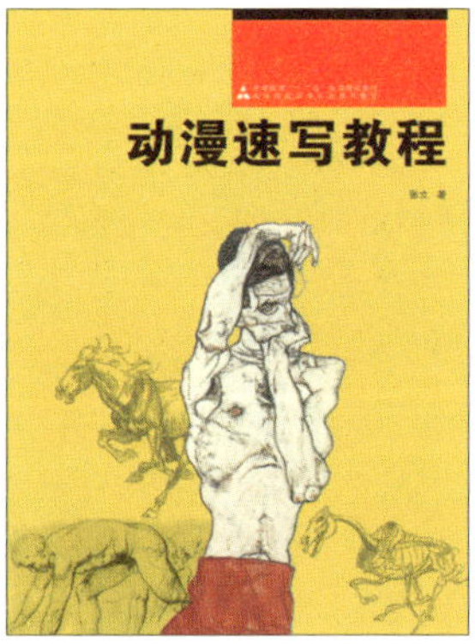

美术类“十二五”规划教材

全国高校教材工作会议

心”，以适应新形势下高校教材出版工作的要求。

由于高校艺术教材的前景广阔，目前涉足的专业出版社或教育出版社比较多，存在一定的竞争。原来人民美术出版社出版了众多被艺术院校采用的经典艺术图书，但是并没有统一规划的高校艺术教材。2007年，人民美术出版社开始高校艺术教材的出版工作，虽然起步相对较晚，但作为国内首屈一指的美术专业社来说，在高校教材的研发、出版方面，显现出了一定的眼光和魄力。

高等美术教材的出版是人民美术出版社图书出版工作的重点，而具体操作方面则可以分为两个阶段。第一阶段，在成功申报教育部高教司“十五”（2种）和“十一五”（14种）国家级规划教材之后，在“十社联合”背景下，研发和出版高等教育“十一五”全国规划教材（共13种）。2008年4月，由中国美术出版总社牵头，联合9家美术专业出版社（上海人民美术出版社、天津人民美术出版社、陕西人民美术出版社、安徽美术出版社、福建美术出版社、江西美术出版社、河南美术出版社、黑龙江美术出版社、新疆美术摄影出版社）召开“高等教育‘十一五’全国规划教材”会议，专门成立了高校美术教材编辑委员会和学术委员会，决定10家美术社联合编辑一套具有时代特征和中国特色的高校美术专业教材。此套系列教材陆续推出，并取得了可喜的市场反应。尤其值得一提的是，“普通高等教育‘十一五’国家级规划教材”系列教材中的《解构人体——艺术人体解剖》这本美术基础技法教材，是配合国内艺术院校艺术解剖课的畅销教材。本书提出了“解构人体”的新概念，书中图例丰富，不仅有作者绘制的作品，还有作者在国外留学期间的第一手原作资料照片，外国经典案例图作为范画、范作更提升了教材整体价值。2005年春季，本书推出第一版，到2011年已经是第12次印刷，创造了社会效益和经济效益的双丰收，堪称人民美术出版社高校教材出版中的一个成功案例。

而高校教材出版工作的第二个阶段，则是人民美术出版社开始自主研发并积极申报高等教育"十二五"全国规划教材重点项目。本套系列规划教材共66种，从教材目录的选定到内容的策划，从作者的物色到装帧设计的细节处理，都倾注了编辑们的心血和精力。教材产品线按照学科分类来设定，从基础美术教育的《素描教学》《色彩教学》等教材到设计教育的《视觉传达》《环境设计》《动漫设计》，以及公共艺术课的《中国美术史》《外国美术史》《美术鉴赏》等教材，体现了"人美版"教材的鲜明特色：设计理念新颖、形式活泼、内容时效性强、案例丰富、信息量大。而从牵头联合其他专业社到自主研发，从2008年启动艺术教育板块至2011年，高校艺术教材品种已有100余种。人民美术出版社在高校教材出版方面颇显胆识和战略眼光，其高校艺术教材产品已经逐渐形成规模，市场占有率也在不断扩展。

为了保证高校美术教材的编写和出版质量，人民美术出版社除了采取和兄弟出版单位合作编辑出版的方式之外，还建立了与一些美术院校的密切合作关系，积极培养自己的作者队伍。在与中央美术学院长期合作的基础上，人民美术出版社还积极走进全国各地的高等美术院校，先后在山东、四川、贵州、天津、辽宁成立了"人民美术出版社艺术教育专家委员会"，调动当地优势资源、权威专家，

人民美术出版社美术类"十二五"规划教材研讨会

人民美术出版社高校美术与设计专家研讨会

人民美术出版社四川省高校艺术教育专业教材建设研讨会

组织建设当地的精品教材，以保证高质量的教材编写出版工作。2011年4月21日，人民美术出版社与山东艺术学院、青岛大学、临沂师范学院、曲阜师范大学、山东科技大学等11所院校代表在山东省济南市召开了人民美术出版社美术类“十二五”规划教材研讨会，以进一步巩固校社的精诚合作，通过高校教材建设平台，努力打造出适合山东省高校教学特色的艺术类教材。

5. 教材推广有声有色

在尽心尽力做好各层次美术教材编辑出版工作的同时，教材的宣传推广活动也开展得有声有色。

在各种教材推广中，中小学美术教材和中等师范教材推广工作的重点在于，在全国各地举办各层次的师资培训班或教材使用方法讲座。而高等院校艺术教材的发行推广工作，则采取了主动走出去的推广策略。

一方面，在由人民美术出版社牵头、全国十家美术出版社联合参与的“高等教育‘十一五’全国规划教材”项目运作过程中，人民美术出版社积极寻求和其他美术社的合作，采用合作发行、共同宣传的推广方法。另一方面，人民美术出版社还举行了一系列“走出去”的推广活动。2009年3月初至5月，分别到天津、山东、河北、河南、四川、贵州六省市开展高校艺术教育研讨会，召集当地院校领导、教师，听取他们对美术教材的意见，并建立高校艺术教材的直销网络，开拓新的市场，让高校美

“人民美术出版社走进校园”活动

术教材成为中国美术出版总社新的利润增长点。在山东省，还开展了“人民美术出版社走进校园”活动，“大篷车”工作队先后赴山东艺术学院美术学院、山东工艺美术学院、青岛大学美术学院、青岛科技大学艺术学院等7所大学展示和销售图书，召开专家座谈会，受到了广大师生的热烈欢迎。2010年，高校艺术教育研讨活动扩展到四川省、辽宁省；2011年4月，进一步深入广西、广东、河北等省、自治区。

当然，这种宣传推广活动以后还要普及到其他省份。通过这一活动，除了解市场以外，还可以和一线教师多接触，了解市场终端的使用效果和信息反馈，从而更好地做好教材规划和建设工作，并促进学科发展。

二、专业出版与研究

作为一家专业出版社，专业出版与研究更是出版工作的关键和基础。人民美术出版社一直以此作为立身之本。这不仅体现在编辑出版的大量优秀美术专业出版物上，人民美术出版社原来一直存在的创作室就是美术出版与美术创作同步并举的体现。一位出版家说过：“做编辑一定要有自己的专业，更应该是某一行的专家。”人民美术出版社可以说是专业出版与专业创作相辅相成的最好的践行者。在60年的历程中，人民美术出版社一直拥有一个专业的编辑群体和创作群体。原来在人美社曾有专门的创作室，进行连环画创

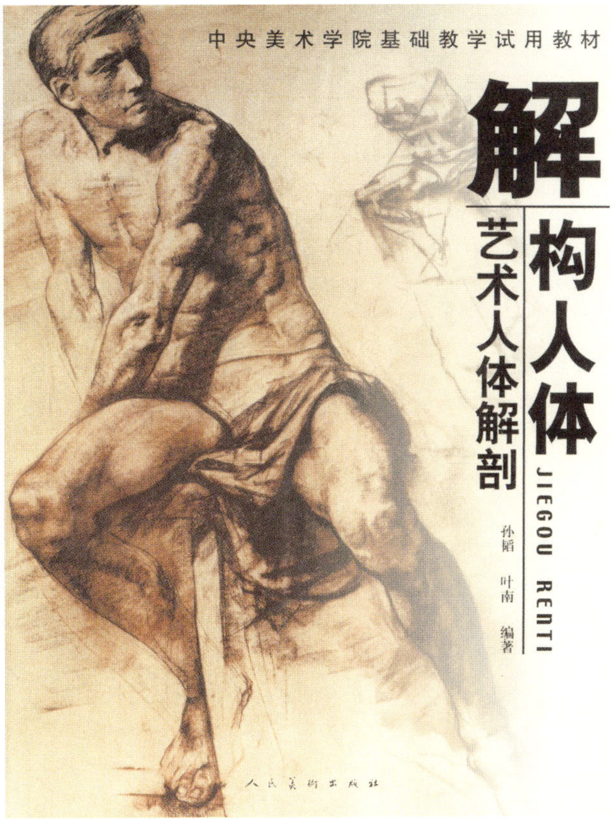

《解构人体——艺术人体解剖》

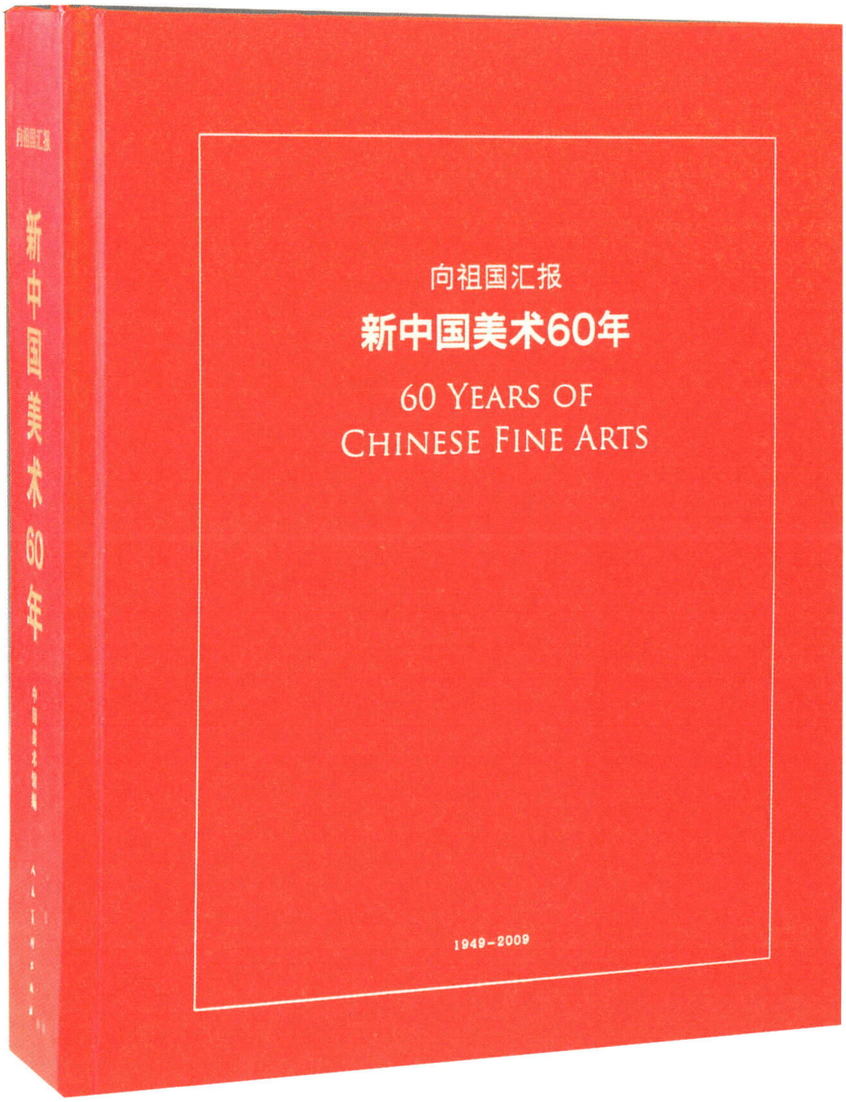

《向祖国汇报——新中国美术 60 年》

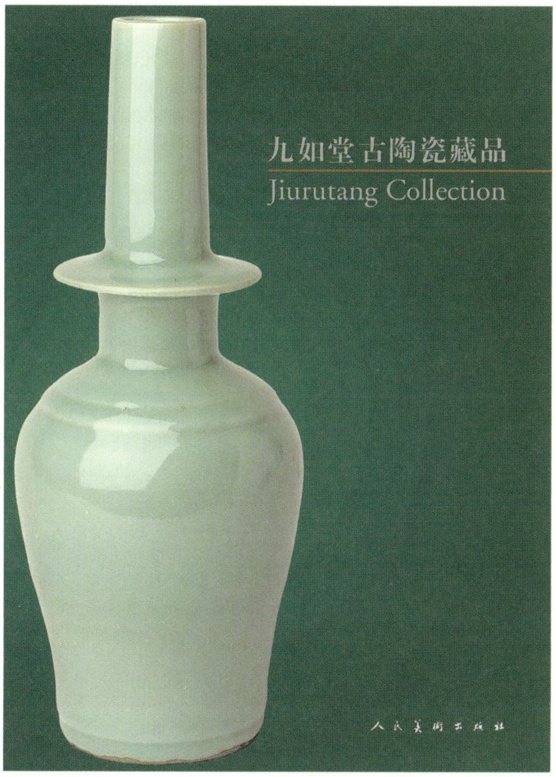

《九如堂古陶瓷藏品》

作和书画创作，在没有经济指标压力的情况下，其主要任务就是创作。虽然人美创作室随着时代的发展已经慢慢淡出了舞台，但是正因为知道美术创作与美术出版有着互相促进的密切关系，人民美术出版社对出版专业化的思考和实践一直伴随着出版社发展的始终。

1. 专业出版成绩斐然

这一时期，人民美术出版社专业出版有厚积薄发之势。专业出版成绩斐然，可圈可点的实在太多。大部头的如2002年的《百年中国画集》、2006年的《中国民间美术全集》、2009年的《中国美术百科全书》等国家重点图书项目。除此之外，“人美版”图书也成了诸多排行榜、图书奖中的常客，以最近五年为例：

2003年，《永远的三峡》获第六届国家图书奖一等奖，《中国民间美术全集·雕塑卷》获第六届国家图书奖荣誉奖、中国出版集团图书奖荣誉奖，《古风——中国古代建筑艺术》（8册）获中国出版集团图书奖，《欧洲招贴设计大师作品经典》（5册）获中国出版集团图书奖优秀设计奖。2007年，第十六届“金牛杯”优秀美术图书奖评比中，《中国古代陶瓷艺术·元明清釉下彩》获特等奖。2008年，《中国传统山水画技法解析》《解构人体——艺术人体解剖》被中国书刊发行业协会评为“2008年度全行业优秀畅销品种”。

同时，人民美术出版社的图书出版也获得了诸多关注和褒奖。2009年，《九如堂古陶瓷藏品》获得由中国出版工作者协会主办的第二届中华优秀出版物（图书）奖，《抗击冰雪　心系人民——新闻摄影展作品集》获得中华优秀出版物奖抗震救

《抗击冰雪　心系人民——新闻摄影展作品集》

《中国工艺美学史》

灾特别奖。《中国工艺美学史》等书获得新闻出版总署主办的第二届"三个一百"原创出版工程入选图书，这个奖项是国家三大出版类奖项之外又一个由政府主办的奖项。2009年，中国出版集团"庆祝新中国成立60周年百种重点图书"中，人民美术出版社出版了《万山红遍——新中国美术60年访谈录 1949—2009》、《向祖国汇报——新中国美术60年》、《第十一届全国美术作品展览》作品集（11册）、《新中国连环画60年》、《庆祝中华人民共和国成立60周年优秀连环画作品选》、《中国美术百科全书》（4卷本）、《中国历代绘画——西安美术学院珍藏》、《中国侗族在三江》等系列重点图书和献礼图书共27种。2009年，第十八届"金牛杯"优秀美术图书奖评比中，《中国美术百科全书》《女红——中国女性闺房艺术》获金奖。《吴冠中画作诞生记》获得第五届国家图书馆文津图书奖。

2010年，《中国美术百科全书》获中国出版集团公司2009年度优秀常销书奖。《万山红遍——新中国美术60年访谈录 1949—2009》在中央电视台《子午书简》与中国图书商报社联合举办的"2009年度最值得一读的30本好书"推荐活动中入围获奖。《黄继光》等10种图书在中国图书商报社与中国出版科学研究所联合举办的"60年中国最具影响力的600本书"的推介活动中入围获奖。2010年，第十九届"金牛杯"优秀美术图书奖评比中，《国家重大历史题材美术创作工程作品集》《中国碑刻全集》获荣誉奖，《万山红遍——新中国美术60年访谈录 1949—2009》获金奖。2010年，《中国美术百科全书》获第三届中华优秀出版物图书奖。《中国侗族在三江》《女红——中国女性闺房艺术》获第二届中国出版政府奖装帧设计提名奖。《美男美女——中央美术学院学生状态》入选2010年"中国最美的书"。

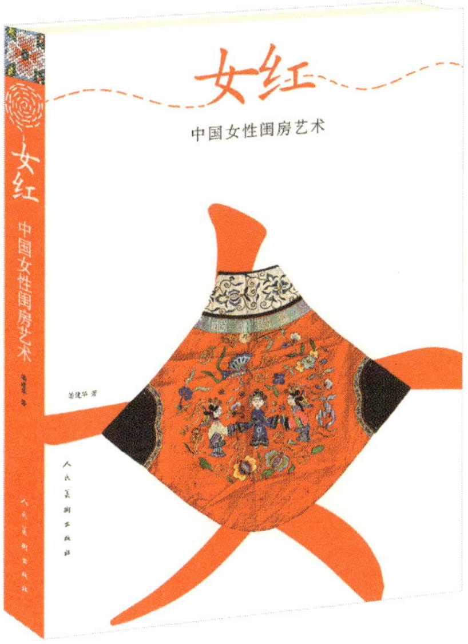

《女红——中国女性闺房艺术》

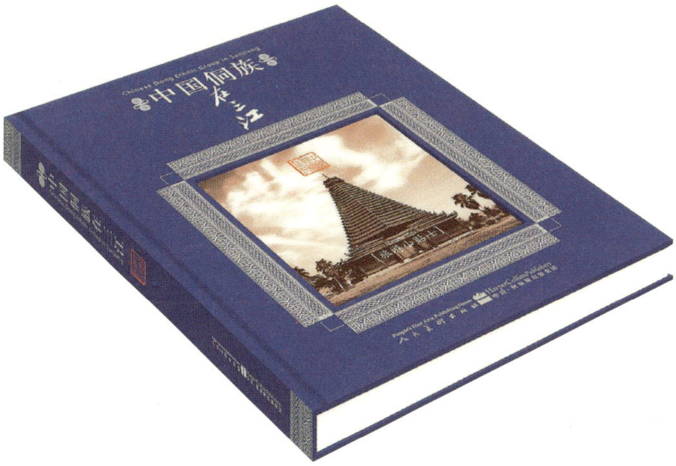

《中国侗族在三江》

《中国民间美术全集》

《中国民间美术全集》是《中国美术分类全集》的组成部分，分雕塑、绘画、剪纸、玩具、演具、饰物六卷。人民美术出版社于2002年编辑出版了《中国民间美术全集》中的雕塑卷，集中介绍传世的民间雕塑作品，收入泥塑、砖雕、石雕、木雕、陶瓷雕塑及面塑六个品类。门类作品基本按不同地域排列，兼顾年代及风格特征。

《新中国出版 50 年》

由新闻出版署主编、人民美术出版社出版的一本集文献性、资料性、艺术性、权威性于一体的大型史志全书类摄影图册。它体现了新中国出版事业在党的出版方针指引下，在各个不同的历史阶段所取得的成就。

此画册共分四大部分：第一部分总述50年出版事业的发展变化及机构状况，重点反映自党的十一届三中全会以来20年出版业的巨大发展；第二部分介绍各省、自治区、直辖市出版事业发展的状况；第三部分为新闻出版署直属及部属、高校、解放军等50家出版社的发展状况；第四部分附录编入了新中国出版50年大事记、全国出版社名录、第一届至第三届国家图书奖目录、1991年至1997年“五个一工程·一本好书奖”目录及第九届至第十一届中国图书奖目录、1987年至1997年韬奋出版奖获奖者名单、新华书店全国省市店名录等。

2000年，该书获得第五届新闻出版署直属出版社优秀图书奖选题一等奖、设计一等奖、校对一等奖。

《百年中国画集》

由中国美术家协会组织编著，中国美术馆研究部主任、美术评论家刘曦林撰写导论，人民美术出版社2002年编辑出版的《百年中国画集》选录了540位著名画家的600幅中国画精品。画册分上下两册，上册图版从1901年收录到1984年，下册图版自1984年收录至2000年。画册中的每幅作品除了标明作者姓名、作者生卒年或生年、作品名称外，还标明了创作年代、尺寸、材质、收藏单位。作为20世纪中国美术的总结性文献，该书被称为“装满国宝的珍藏画集，规模宏大的视觉盛宴”，具有较高的收藏和欣赏价值。

《永远的三峡》

《永远的三峡》是为三峡立传的大型文献，是一本激情磅礴的摄影图册。它从三峡生态、三峡历史、三峡现状等各种角度，全面记录并展示三峡，成为三峡研究的形象读本。画册的文字部分由我国几位著名专家、学者以及国务院三峡建设委员会的专业人员撰写。图片部分是摄影师郑云峰5年来以生命为代价拍摄的上万张图片的精选。作为画册，它不仅具有艺术价值，还有文化学的意义。

该画册不仅以文字形式详细、全面地记述了三峡历史文化的发展脉络，从远古到今天多方位、多层面地介绍了三峡文化，还以珍贵的摄影图片真实展现了三峡的魅力与文化。画册共分四部分：造化手笔、岁月留痕、人间烟火、未来之歌。四部分相对独立的内容，用长江文化发展的主线紧密地串联在一起，从中既能明显看到长江文化延续的痕迹，又突出了三峡文化独特的地域特征。

随着三峡建设工程的顺利拓展，这些图片已成为弥足珍贵的文物。画册的编辑、出版不仅为我们留下了一个形式上的《永远的三峡》，它也将成为人们未来阅读生活中的《永远的三峡》。2003年，该书获第六届国家图书奖一等奖。2006年，该书获得中国出版集团图书奖荣誉奖。

《中国美术百科全书》（4卷本）

作为我国美术专业的百科全书，《中国美术百科全书》的出版具有划时代的意义。该套百科全书分美术综论、建筑、雕塑（含石窟）、岩画、壁画、中国画、油画、版画、水彩和水粉画、年画、书法、篆刻、画学著作、工艺美术、设计、民间美术、美术教育、美术出版等学科门类，收录近6000个条目、5000余幅图片。在版式排列上采取图文混排、文随图走的方式，以便于读者阅读。全书采用彩色印刷，图像清晰，便于读者对美术作品的欣赏。在内容编排上采用按汉语拼音音序排列的方式进行编排，除在书的正文前设置条目分类目录外，还在正文后设置条目内容索引、中国美术大事记等附录，方便读者尤其是非专业读者查阅。

全书由著名美术理论家邵大箴、李松涛任主编，国内各美术学科门类的著名专家出任相关分支学科主编，数十所科研单位和美术院校的近百位专家学者参与撰稿与审稿，人民美术出版社历时8年精心编辑加工，保证了全书的学术性和权威性，是迄今为止学科门类最齐全、内容最丰富的有关中国美术的出版物。《中国美术百科全书》的出版，标志着我国美术创作和研究达到了一个新的水平。它既是对中国美术遗产和优良传统的搜集、整理和学术研究的记录，又为当代美术创作与研究提供了丰富翔实的资料，对美术学科建设有重要意义。该套书获得第三届中华优秀出版物奖图书奖。

《中国碑刻全集》（6卷本）

中国古代碑刻有的书法高妙，有的出自著名书法家之手，是中国书法艺术宝库中的瑰宝，也是研究中国书法和碑刻学的重要资料。本书分为六卷，收录了我国先秦至元代的著名碑刻，其中有碑碣、摩崖、墓志、造像题记和书像石题榜等。碑刻上的文字有篆、隶、楷、行、草诸体，由此可以了解中国文字的演变及其书法艺术的发展历程。本书选录了我国博物院、馆，图书馆及私家收藏的碑刻善本，其中有的是孤本，弥足珍贵。

第一卷：战国石鼓文、秦泰山刻石、汉开通褒斜道刻石、汉祀三公山碑、汉裴岑纪功碑、汉武梁祠堂画像题字、汉石门颂、汉乙瑛碑、汉礼器碑。第二卷：汉史晨碑、汉杨淮表纪、汉曹全碑、汉张迁碑、魏范式碑、魏上尊号碑、吴谷朗碑、晋孙夫人碑、吴天发神谶碑、晋三临辟雍碑、秦广武将军碑、晋爨宝子碑。第三卷：魏嵩高灵庙碑、宋爨龙颜碑、魏牛橛造像记、魏始平公造像记、魏杨大眼造像记、魏石门铭、魏郑义下碑、魏刁遵墓志、魏崔敬邕墓志等。第四卷：梁萧敷暨敬太妃墓志、梁瘗鹤铭、魏张猛龙碑、魏敬史君碑、周西岳华山神庙碑、齐朱岱林墓志、隋龙藏寺碑、隋常丑奴墓志、唐皇甫诞碑、唐九成宫醴泉铭、唐孟法师碑、唐雁塔圣教序碑等。第五卷：唐李靖碑、唐道因法师碑、唐升仙太子碑、唐李思训碑、唐郎官石记序、唐多宝塔碑、唐颜勤礼碑、唐不空和尚碑等。第六卷：唐冯宿碑、唐神策军碑、周韩通妻董夫人墓志、宋柳州罗池庙碑、宋狄梁公碑、宋元祐党籍碑、宋章吉老墓表、金重修蜀先主庙碑、元鲜于光祖墓志等。

该套书在2010年第十九届“金牛杯”优秀美术图书奖评比中获荣誉奖。

《国家重大历史题材美术创作工程作品集》

在中宣部的大力支持和指导下，由文化部和财政部共同实施的国家重大历史题材美术创作工程，是推动我国当代美术创作繁荣发展的重要举措。此项工程以令人瞩目的鸿篇巨制将艺术性与历史性融为一体，生动而真实地反映了中国人民争取民族解放和社会进步的历史进程，具有极为重要的出版价值。

为了更好地展现国家重大历史题材美术创作工程的斐然成绩和重大意义，本书采用了不同寻常的开本与别具一格的体例。在整体框架上，本书以作品图版为主线，其间穿插创作纪实，最后附录工程大事记和艺术家简介。图版中的104件艺术作品，是国家重大历史题材美术创作工程历时5年组织国内优秀艺术家创作，并经艺术委员会严格评审遴选出来的艺术精品，既有划时代的审美价值，亦具较强的历史意义。为突出创作题材的历史性，图版未按艺术样式进行分类排列，而是以相应历史事件的时间线索作为编排顺序。在此基础上，为充分体现每一作品的整体风貌与造型语言，本书一方面尽量以跨页形式呈现作品全貌，另一方面则设专页展现作品的精彩局部。每一作品图版之后，则紧随两个页面的创作纪实。在这一板块中，历史背景的条目位居其首，条目内容由中国社会科学院近代史研究所提供并审定，以阐明特定创作主题的历史背景。历史背景的条目之下，则分布相关的工作照、创作草图、创作场景照片以及创作心得、创作访谈或评论，以呈现作品背后的构思过程、造型方式、制作程序与创作状态。

全书分为两册，堪称国家重大历史题材美术创作工程的纸上展览馆。在这里，国家重大历史题材美术创作工程作品将永久陈列，弘扬时代主旋律的丹青史诗将彪炳千秋，中华民族百年来奋发图强的伟大精神将永放光芒。该套书在2010年第十九届“金牛杯”优秀美术图书奖评比中获荣誉奖。

《任伯年全集》

《任伯年全集》是由人民美术出版社与天津人民美术出版社联合编辑出版、系统地反映我国清末著名画家任伯年一生艺术成就的个人作品集。聘请国内著名学者龚产兴担纲主编，王靖宪、丁义元任副主编。

任伯年（1840—1896），名颐，字伯年，清末著名人物、花鸟画家，海上画派的巨擘，是中国近现代美术史上有影响的画家之一。徐悲鸿称其为“仇十洲后中国画家第一人”。《任伯年全集》为8开本，180印张，50万字，精装。全套6卷，共收入作品1200余幅，并展示作品精彩局部。1—5卷为图版部分。图版按编年顺序编排。第6卷为文献，收入历年来重要研究著述和任伯年年谱、常用印章、艺术活动简表、图版索引。《任伯年全集》编辑严谨，装帧考究，印制精良，完整展示了任伯年一生不同时期的主要作品。为确保其权威性，本书在编辑过程中，对收入的每幅作品均邀请专家逐一鉴定。该套书在2010年第十九届“金牛杯”优秀美术图书奖评比中获银奖。

《第十一届全国美术作品展览》作品集（11卷）

作为被列为新中国成立60周年大庆重点项目的第十一届全国美术作品展览首次由文化部、中国文联、中国美术家协会共同主办，受到了全国各地党政部门、文化厅（局）、文联的高度重视和中国美术家协会各团体会员、各展区、各美术单位的大力支持，并得到了全国美术家们的热情参与。作为第十一届全国美术作品展览的最终成果，《第十一届全国美术作品展览》作品集（11卷）收录了该次展览的近五年来中国美术创作的结晶，分雕塑、壁画、版画、中国画、艺术设计、油画、水彩水粉画、漆画·陶艺、动漫·综合画种、港澳台邀请作品、首届中国美术奖·创作奖·获奖提名作品11个主题。第十一届全国美术作品展览是广大美术家在新时期为中国美术史册续写的浓墨重彩的新篇章，而该画册则翔实、生动地记录了新时期中国美术创作方面的成果，是艺术专业研究和创作难得的参考资料。该套书在2010年第十九届“金牛杯”优秀美术图书奖评比中获银奖。

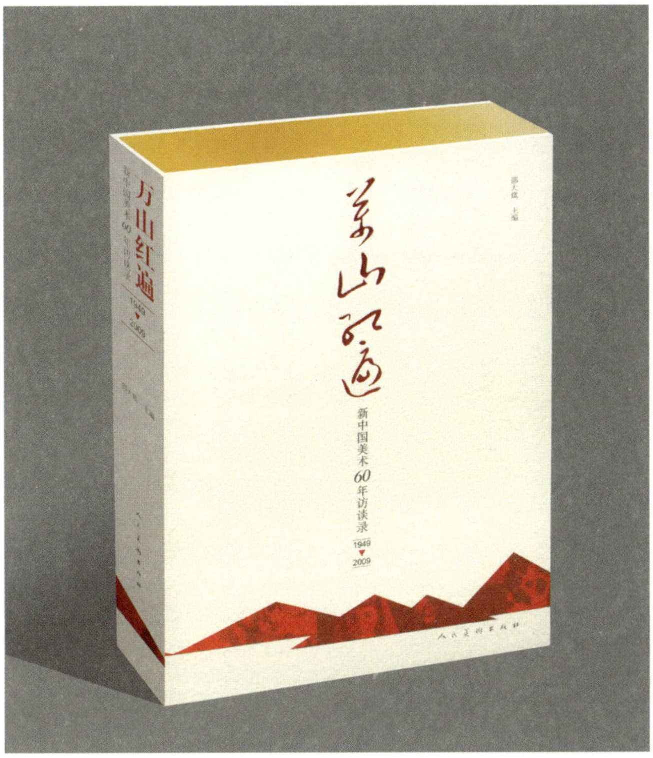

《万山红遍——新中国美术 60 年访谈录　1949—2009》

此画册是人民美术出版社为庆祝和纪念新中国成立60周年、向祖国和人民汇报新中国成立60年来中国艺术创作重要成果而编辑出版的国家重点出版项目，于2009年12月推出。本书以美术作品为线索，以访谈形式反映对人和事的评述。在记录中，以点带面，融合美术教育、美术研究、美术政策、美术出版、美术考古、美术展览、美术拍卖等诸多角度，以此进行综合、立体、平实的描述和考察，梳理出美术史的基本发展脉络，分五个阶段记录了新中国美术60年丰富鲜活的历史进程。在作品的选择上，该书基本按照编年体的方式，选取特定历史阶段最有代表性和影响力的作品，包括中国画、油画、雕塑、壁画、版画、漫画、连环画等诸多门类的代表性作品90余幅。

《万山红遍——新中国美术60年访谈录　1949—2009》由邵大箴先生担纲主编并撰写总序，邀请对相关课题卓有研究的中青年学者作为访谈者，通过对与这些作品具有相关创作、参与和研究经历的艺术家、美术政策的执行者和美术史论家以及一些在美术史上的相关人物进行访谈，引读者入现场，使鲜活的细节描述成为历史与现实的桥梁，形成个人记忆与历史记忆相互交汇的写照。60年来的美术史深刻凝聚了新中国独特的精神历程，被点点滴滴铭刻于每个个体生命历程的记忆长河中。一图一文的简约编辑形式，使广大读者得以清晰、系统地了解60年来中国美术的发展线索及风貌，既具有较大的普及意义，又可以提供一定的学术研究参考。

该书在2010年第十九届“金牛杯”优秀美术图书奖评比中获金奖。

2. 专业研究：承办图书奖评选、画展和出版交流活动

为了更好地促进专业出版的发展，人民美术出版社尤其重视鼓励和参与专业研究活动。除了原来在社内进行专业创作、专业研究的探讨和讨论之外，还积极通过与兄弟出版单位或行业协会的协作，促进行业内的研究氛围。

具体来讲，主要通过承办图书奖的评选、举办行业内美术家画展和其他的出版交流活动的方式进行。2001年6月，受新闻出版总署委托，人民美术出版社承办了“首届全国优秀艺术图书奖”评奖活动，并延续至今。人民美术出版社还积极参与中国编辑学会承办的历年“金牛杯”优秀美术图书奖的评奖和参评工作。作为全国美联体的发起单位，人民美术出版社还定期举办联合体内部的年会和交流会，以促进行业内的专业研究和出版交流。在人民美术出版社的积极参与下，中国编辑学会美术编辑专业委员会也于2009年筹备并成立，使得美术编辑工作有了相应的行业组织。

为了促进行业内的专业研究和讨论，人民美术出版社还于2004年积极筹划并在中国美术馆举办了“首届全国美术出版界美术家作品展”，作为一个行业内交流的平台和窗口，取得了良好的效果。同时，与兄弟出版单位之间的交流和互访，也是经常开展的活动。另外，人民美术出版社积极寻求海峡两岸美术出版的交流和合作，在台湾举办“首届两岸美术出版界书画家作品邀请展”。通过此种活动，人民美术出版社营造了良好的专业研究氛围，也大大促进了专业出版的发展。

第三节 十大期刊的壮大与发展

期刊出版在此阶段经过逐步调整，形成了十大期刊方阵：《中国美术》《中国艺术》《艺术沙龙》《美术向导》《中国美术馆》《连环画报》《中国中小学美术》《儿童漫画》《少年漫画》《漫画大王》。这其中，既有年届花甲依然充满活力的“老品牌”刊物，也有正值青春活力四射的中坚刊物，更有刚刚起步但积极探索的期刊新秀。这就使得人民美术出版社的期刊群，既横跨不同年龄阶段的读者对象，又涵盖了不同类型和特征的目标市场，既涉及艺术领域的“阳春白雪”，又涵盖艺术欣赏和教育的“下里巴人”，既注重推介艺术发展的新趋势、新动向，又不忘对传统艺术精髓的继承与发扬。

一、老品牌刊物《连环画报》

已有60年历史的《连环画报》，曾拥有过太多的辉煌记忆。而步入21世纪之始，《连环画报》审时度势，积极应变，改版为国际流行的大16开本，扩充容量至80页。在版式设计上，突出体现了编辑的创意与追求，整本刊物朴素而典雅，既有传统风采，又具时代新意。内容上，注重贴近现实，关注社会，与时代同步。2003年，由《连环画报》整理出版的单行本《白鹿原》获得了第二届国家图书奖艺术类三等奖。2009年12月，《连环画报》获得由中国期刊协会和中国出版科学研究所共同颁发的“新中国60年有影响力期刊”称号。

二、漫画刊物形成梯队

漫画刊物《儿童漫画》《漫画大王》《少年漫画》共同构成了漫画刊物梯队。这其中，《儿童漫画》在国内的同类期刊中创刊最早，影响时间最长。作为我国第一本儿童漫画专刊，《儿童漫画》曾荣获新闻出版总署“双百期刊”称号和“第二届国家期刊奖百种重点社科期刊”称号，更被读者称为让孩子开心、家长放心、老师舒心的优质刊物。2002年，《儿童漫画》改为半月刊，但本土、原创的风格依旧，且注重原创作者群和原创作品的读者群的培育，除了在全国适龄读者所在的学校设立大量创作教学基地外，还在各基地进行儿童漫画教学创作培训讲座，使漫画走进课堂，作为素质教育的一种形式，培养孩子的幽默、乐观的品质，营造快乐学习的氛围。2009年，《儿童漫画》获得由中国期刊协会和中国出版科学研究所共同颁发的“新中国60年有影响力期刊”称号。

《漫画大王》和《少年漫画》都是中宣部和新闻出版总署“五一五五”动画工程中的核心期刊。《漫画大王》一直是人民美术出版社的核心动漫刊物，以刊载新漫画类型的作品为主。1998年中国美术出版总社重组后，《少年漫画》并入人民美术出版社，并于1999年获全国连环画报刊第十四届金环奖。为避免同一个出版社两本刊物的同质化，经慎重考虑，《漫画大王》于2000年1月休刊，10月复刊，重新定位为一本承载深厚文化底蕴的以中国传统漫画为绘画形式的期刊。后来的市场反馈表明，这次转型获得了成功，并完善了“五一五五”动画

《少年漫画》《连环画报》《儿童漫画》

《中国中小学美术》《漫画大王》

工程的内涵，对其他期刊给予了促进和补充，也为自身以后的发展奠定了基础。

三、涵盖广泛的艺术刊物

人民美术出版社的艺术类刊物涵盖面也很广泛，《美术向导》《中国艺术》《中国美术馆》《中国美术》《艺术沙龙》五种期刊涵盖了艺术领域的不同层面，而且各具特色。其中既有针对业余美术爱好者的美术技法类期刊，也有展示优秀美术作品和美术理论研究成果、搭建学界美术交流平台、为美术及美术馆事业的蓬勃发展服务的专业研究刊物。这些期刊既关注当代艺术创作领域，又为艺术领域从业者、艺术收藏者以及艺术爱好者提供服务。而其中，于2007年创刊的《艺术沙龙》则致力于打造一个集平面媒体、网络媒体、展览活动于一体的立体型杂志模式，其未来的发展值得期待。

在艺术类期刊的经营管理上，人民美术出版社既要求各自形成独立的发展实体，走好品牌之路，又要求具有整体效应，创造品牌群效益。同时，在保证经营水平的基础上，还要积极探索经营创新，吸收外来资本和社会投资，积极尝试控股的股份制运作。2010年，由总社投资运作《中国美术》的尝试启动，取得经验后将逐步加以推广。

在人民美术出版社的期刊方阵中，《中国中小学美术》则定位于中小学的美术教育，既可以服务从事基础教育的美术教师，又可以为基础教育教材的编辑出版提供案例素材、市场反馈信息和选题思路。这样，书刊相互促进的效应就得以更好地发挥和利用。

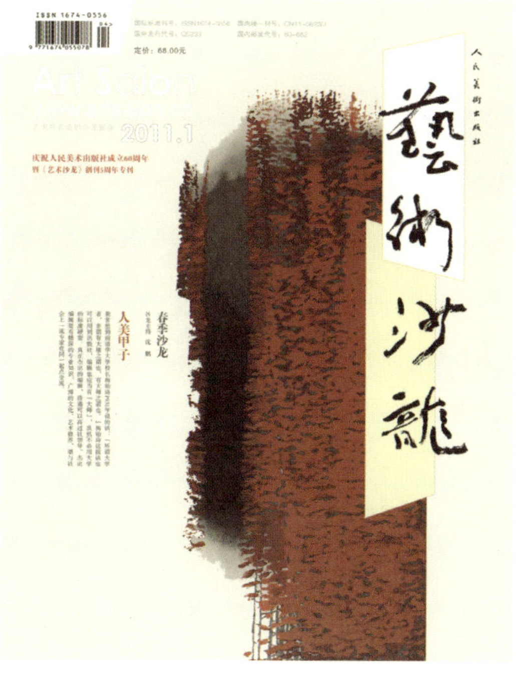

《艺术沙龙》及展览活动

《中国美术》《中国美术馆》《中国艺术》《美术向导》

第四节 国际出版合作与交流的不断拓展

自从1979年中日首次合作出版《中国的旅行》，人民美术出版社的国际出版交流与合作的脚步就从来没有停止过。除了人员的交流、互访、考察外，人民美术出版社还通过在国外举办展览、积极参加国际书展和图书博览会的形式，扩大国际影响，而在版权贸易和合作出版方面更具成效。

在版权引进方面，2002年引进英国爱微媒体公司《数码摄影跟我学》一书，2006年与日本讲谈社合作出版引进《色彩心理探析》等。在版权输出方面，2003年与新加坡时信出版社合作的《2004贺岁书》，2004年与法国友丰书店合作的《中国古代名家作品选粹·石涛》《中国古代名家作品选粹·八大山人》《中国近现代名家作品选粹·齐白石》等，2005年的《贺岁书》英文版，2006年《永远的三峡》系列画册的外文版，2009年《中国侗族在三江》的外文版权输出都可圈可点。版权输出的幅度近年来也呈现加大的趋向，2005年前后人民美术出版社平均一年输出版权3种左右，2009年达到13种，2010年又取得输出版权58种的佳绩，名列中国出版集团公司第一。

版权协议签订现场

版权贸易洽谈现场

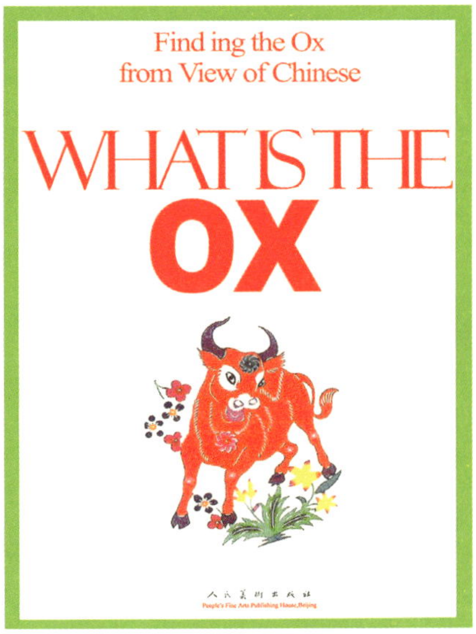

《贺岁书》英文版

经过此阶段的重组和改制，一个更加开放的人民美术出版社、一个更积极融入世界出版格局的人民美术出版社越来越清晰地呈现在我们面前。新平台上的人民美术出版社，将充分利用难得的发展机遇与条件，整合和继承老品牌60年来的积淀与传统，肩负中国美术出版与文化传承的期望与使命，继续书写中国美术出版和中国美术史的未来篇章。

第七章

四个人美　融合创新

2012—2021

刚刚走过一甲子生日庆典的人民美术出版社，转身又站在第七个十年的初始点，重新开启了又一个厚积薄发的十年。而这十年，是中华民族复兴之路上尤为重要的十年。这十年，在党的十八大、十九大的谋篇布局下，勤劳勇敢的中国人民相继完成了“十二五”规划、“十三五”规划的设计蓝图；这十年，全面深化改革取得重大突破，思想文化建设取得重大进展，人民生活不断改善，生态文明建设持续发展……这十年，政治体制改革稳步推进，经济发展，科技腾飞，脱贫攻坚战全面胜利，文化自信和产业振兴的呼声越发高涨。

作为中国出版国家队的一员，人民美术出版社与国家、民族同呼吸共命运。国家的快速发展，也给人民美术出版社带来了前所未有的机遇。中国人民越来越自信、自强的这十年，也是人民美术出版社历史上变化最大的十年，是励精图治、全面创新的十年。

第一节 七十载风华正茂，乔迁新址展新篇

当前，文化产业的发展受到国家的高度重视。习近平总书记在党的十九大报告中明确指出：“没有高度的文化自信，没有文化的繁荣兴盛，就没有中华民族伟大复兴。”而《中华人民共和国国民经济和社会发展第十三个五年规划纲要》中也明确提出：“公共文化服务体系基本建成，文化产业成为国民经济支柱性产业。”同时，国家也配套出台了一系列扶持和奖励政策，给文化产业带来巨大的发展机遇，而作为文化产业重要组成部分的出版业也迎来了新的发展时机。

一、六十华章，继往开来

从1951年到2011年，人民美术出版社走过了60年的风雨岁月。为庆祝自己的甲子诞辰，2011年8月15日至22日，由中国出版集团公司、中国美术出版总社、人民美术出版社共同主办的“庆祝人民美术出版社成立60周年系列展”开幕式在中国美术馆举行。中宣部副部长蔡名照，全国人大常委会委员、民进中央副主席朱永新，国家新闻出版总署出版管理司司长吴尚之，中国编辑学会会长桂晓风，中国期刊协会会长石峰，中国出版集团公司党组书记王涛，中国书法家协会名誉主席沈鹏，中国书法家协会主席张海等莅临。美术机构负责人，画家，美术理论家，出版界、新闻界代表以及人美社老领导、老同志共计400余人出席开幕式。

“庆祝人民美术出版社成立60周年系列展”包括“人民美术出版社出版成就展”“沈鹏书法作品展”“人民美术出版社连环画、年画、宣传画、领袖像展”“中国当代名家邀请展”“人民美术出版社编辑书画摄影展”五个展览。60年来风雨兼程的出版积淀，使人民美术出版社能够更坚毅而果敢地迈入下一个十年的新征程。

二、乔迁新居，焕然一新

60年的人民美术出版社，随即迎来社史上的又一次大变革。在中共中央宣传部、财政部、国家新闻出版总署和中国出版集团公司的支持和指导下，人民美术出版社与华润集团、华润置地公司达成了土地置换项目，于2012年10月26日告别了相伴几十载的北总布胡同32号小院，迁至双井桥畔。由于新的大厦尚未竣工，人美社的工作人员只能暂居于附近的写字楼周转，直至2016年3月22日，终于正式迁入新址——中国美术出版大厦。

新落成的办公楼地上七层、地下两层，建筑

“人民美术出版社成立 60 周年出版成就展”展览现场

“人民美术出版社成立 60 周年成就展”书稿档案陈列

“人民美术出版社成立 60 周年成就展”书稿档案陈列

“人民美术出版社成立 60 周年成就展”书籍陈列

“人民美术出版社成立 60 周年成就展”书籍陈列

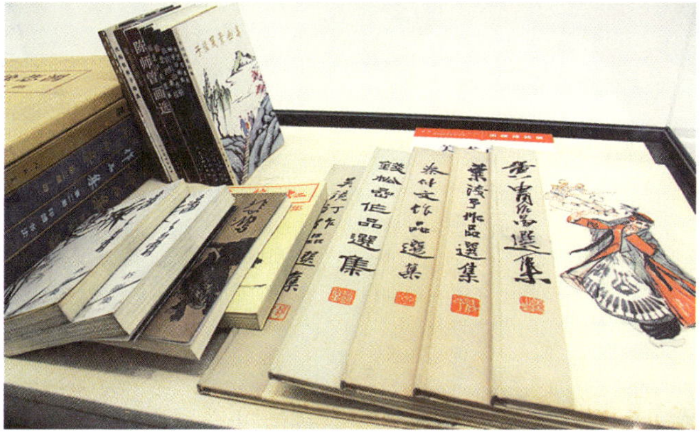

“人民美术出版社成立 60 周年成就展”书籍陈列

中国美术出版大厦

人美美术馆

面积约15000平方米，成为包括编辑出版、学术研究、美术馆、资料室、书店、数字中心等集办公、展览、经营于一体，适应现代出版传媒发展的多功能场所。迁入新社址的人民美术出版社一改昔日胡同小院的局促，其时尚而庄重的外观成为东三环南路上一道亮丽的风景线。同时，人民美术出版社作为文化坐标和精神家园的使命在此延续。2019年7月，人美社启用新门牌，由北京市东城区北总布胡同32号变为北京市朝阳区东三环南路甲3号。社址虽然改变了，但人美社精神地标的意义没有变，也永远不会变。

迁入新址半年后，2016年9月19日，人民美术出版社迎来了65周年的社庆。在新落成的中国美术出版大厦中，人民美术出版社以俭朴而务实的方式纪念着自己的生日：创办“人美美育学堂”、展出“大红袍”名家新作、研讨“十三五”发展规划、推出重点图书《人美文库》（共28卷）及《人美连环画家画库——庆祝人民美术出版社建社65周年》

（共19卷）……作为新中国美术出版的重镇和许多美术人艺术憧憬的园地，身处新社址、新起点的人民美术出版社期待着更多的新变革、新气象。

三、立足历史，谋划新篇

作为美术出版的“国家队”和金字招牌，紧随时代潮流和业界革新而及时调整自己的出版布局，是人民美术出版社多年来长盛不衰的治社之本。

迁入新址后的人民美术出版社，对自己出版风格和定位的认知越发清晰和坚定，周伟社长提出“中正大雅，朴真至美”的“人美”精神，这是半个多世纪“人美”精神的浓缩和现代体现。中者，央也；正者，不偏不倚，合于法度。“中正”，是人民美术出版社作为国家美术出版机构的独有特质，是中国气派、大家风范。“大雅”，出自《诗经》，也谓高尚雅正，或指德高大才之人，恰与人民美术出版社的产品、人才群体的特点相吻合。“朴真”，既是自然、率性，又强调拥有一种“林泉之心”，强调人与自然的统一，彰显天然之性、朴素的自然之美。自然之美来自人民群众，来自广大读者，来自艺术工作者，来自社会基层，是接地气的美，是真性情，是至美境界，是美中之“大美”。

与此同时，人民美术出版社的发展战略规划也经历了不断探索的过程。2015年10月，人美社提出了“六条产品线、六个发动机”的理念。六条产品线，即美术专业出版产品线、视觉艺术出版产品线、连环画产品线、少儿产品线、书法产品线、教材产品线；六个发动机，即教材出版、图书出版、期刊经营、品牌经营、物业经营、媒体融合，是出版社的六个利润增长点。2016年9月，人美65周年社庆活动中，人美社又在此基础上提出了“四个人美”的发展战略，此后不断对这一发展战略进行完善。2017年2月，总社年度工作会提出精细管理、精准定位、精准发力，努力建设“四个人美”的建议。这标志着“四个人美”的谋篇布局作为获得全社认可的发展战略，得以全面启动。“出版的人美、美术的人美、教育的人美、数字的人美”的提出，指明了出版社未来发展的清晰方向和具体框架，体现了人美社为着力打造美术专业出版、教育出版、连环画出版、期刊出版四大传统板块，以及美术教育、艺术品交易两大新兴板块的战略思路，为人美社逐渐成长为新媒体时代集美术出版、期刊经营、艺术会展、美术教育、艺术品电商于一体的行业领跑者布局、筑基。人民美术出版社的主要业务板块由原来的单一出版业务板块向美术教育和艺术家服务拓展，逐步形成出版、教育、艺术家三大业务集合发展的综合业务群。

在2018年、2019年年初总社工作会议上，为落实“四个人美”建设目标，在聚焦主业、融合发展、弘扬品牌的工作设计基础上，人民美术出版社管理层持续提出“五个一百、两个十万”的发展规划，作为在“十三五”规划期间把“四个人美”落到实处的具体措施、具体渠道。

四、加强管理，逐步调整

为配合和保证人民美术出版社战略调整的落实，出版社的具体经营管理工作也必须跟上变革的节奏。

2016年1月，总社召开2016年度工作会议，提出把握正确的出版导向，深入分析行业发展新动态，优化图书出版结构，结合总社发展情况，突出重

读者中心

点、稳步落实的年度工作思路。6月，人美社完成了职能部门的整合，将行政部和资产管理部并入办公室，将版权部、数字部、设计室并入总编室，而人力资源部和党办则合署办公。调整后，职能部门精简至四个，分别是办公室、总编室、财务部和人事党群部。同时，出版社还制定了《关于进一步规范总社出版流程的通知》等制度，对日常发稿流程、稿费支付和审核流程等进行了具体的规定；完善员工考核办法、明确考核重点，根据工作类型、员工职级来确定不同的岗位津贴标准，推进分类考核，优化考核激励机制，调动员工积极性，强化激励效果。

在2017年全面启动“四个人美”建设后，总编室进一步加强日常业务流程管理，修订了图书发稿流程卡、图书重印和再版发稿流程卡，简化了编辑发稿流程，提高了日常出版效率。朝花制版中心也迅速成立，为总社各编辑部门服务。

同时，为加强人才队伍建设、优化人才结构，2017年，人美社加大社会招聘力度，探索市场化选人用人机制，加快配置业务骨干，深化人力资源管理的市场化机制。该年度全社共组织了20场招聘会，面向全社会进行新媒体、营销、编辑和校对等岗位招聘，最终选拔出42位工作经验丰富、业务能力较强、受教育程度较高、管理能力较强的各领域优秀人才。急需的人才迅速得到补充，并在关键岗位发挥作用。在此基础上，人民美术出版社不断调整和优化人才配置结构，提升人才和岗位的匹配度，并着重把人才力量向生产一线倾斜，以做到人尽其才，才尽其用。为适应公司化运作和资本运作的需要，财务部逐步转变观念，做好管与放的平衡；人力资源部进一步优化人才结构、组织结构和流程再造；物业公司不断强化服务意识，提高服务水平。

2018年，为全面推进总编室“六个中心”的职能，即导向与质量管理中心、选题规划中心、出版效能中心、编辑业务评价中心、版权管理中心及编辑服务中心建设，人民美术出版社制定了《关于进一步加强和改进编辑出版工作的意见》《融合发展工作试行办法》《关于2018年度图书出版结构的指导意见》等工作办法，以促进编辑出版工作持续健康发展。与此同时，人美社还严格加强图书出版管理，加强网络舆论阵地管理；落实主要任务考核机制、责任追究机制等制度；坚持选题论证制度和重大选题备案制度，严把选题导向关；坚持编辑持证上岗和书稿三审三校制度，严把图书内容质量关；在社内开展编校质量检查，将责任追究到个人、到部门。

2019年，按照总社年初工作会议上提出的“三稳三强”，即稳主业、稳增长、稳收入，强品牌、强教育、强保障的工作目标，人美社继续全面推进“六个中心”建设。在编辑业务环节中，确立“导向金不换，质量高于天”的工作原则。坚持正确的出版导向，推进以内容建设为核心的融合发展，加

资料室

快形成新的经济增长点。整合编辑力量，优化内容资源分配，打破原有部门划分，成立连环画出版中心和美术出版中心，将营销中心分立为美术图书营销中心和连环画营销中心，分别融入两大出版中心，以实现营销信息与市场需求的快速有效流动。

在具体出版工作管理中，明确“责编中心制”，对质量问题常抓不懈。加强选题管理，全面落实《出版物社会效益评价考核办法（试行）》；成立质量检查与校对部，制定并实施《中国美术出版总社书刊质量检查办法（试行）》，明确图书质量问题责任归属和奖惩措施；定期举办全社编辑编校能力测试，并进行专题培训；加强融媒体工作管理，制定并印发《关于加强融媒体平台导向管理的办法（试行）》，按规定严格执行融媒体内容发布的三审三校制度，规范融媒体工作内容和导向管理，以及融媒体平台信息采编、审核、发布等工作，确保信息发布安全、准确、及时。

2019年，人美社共组织18场社会招聘、1场校园招聘，从1600余份求职简历中筛选出参加面试及复试的求职者90人，并最终引进一线员工14人，及时有效地满足了不同岗位需求。在干部选拔任用上，人美社始终坚持以制度建设为基础，将《中层管理人员选拔聘任办法（2020年1月修订）》单独建章立制，并进一步细化、完善，从严选拔任用，明确干部政治标准和政治要求，坚持看德才、重实绩的用人导向。该年度累计举办专业知识指导、岗位培训、技能培训等各类员工培训24场，逐步提高员工的综合素养、创新意识和创新能力。出台《专家型编辑人才培养办法》，加快年轻干部培养步伐，做好专家型编辑的挖掘和培养，切实发挥好年轻干部的带头示范作用和专业技术骨干的引领作用。近5年，人美社共办理离退休职工48人，从2020年起为职工举办荣誉退休仪式，既是对退休职工的尊重和肯定，也通过交接“人美精神”接力棒的仪式，让青年一代感受出版社的凝聚力和向心力。

2020年，人美社将工作重点放在抓落实、促创新、出精品，培养专家型人才，建设研究型出版社，融入新美育时代等工作上。为此，出版社进一步调整机构设置，主动适应市场变化：在机构层级设置上，精简职能部门，使人才向生产一线倾斜，促进内部管理扁平化，向业务部门输送新鲜血液，为生产经营提供创新活力；在经营方式上，推动九大独立核算单位自主经营，激发子公司和下属经营单位活力；在用人权方面，优化选人用人机制，各独立核算单位可根据自身发展和员工实际情况自主用人；在分配权方面，鼓励各独立核算单位依法合规地制定薪酬分配制度，以岗定薪、以能定级、岗变薪变；在财务审批权方面，将20万元以下的款项审批权下放至各独立核算单位，各独立核算单位设专人负责财务监管，在提高效率的同时，确保手续、操作符合规范。同时，出版社还加强综合监管，完善“双效”业绩考核：在财务方面，成立财务结算中心，统筹规划总社资金使用情况，形成协调运转、有效制衡的财务机制；在业绩考核方面，建立健全以岗位价值为基础、以绩效贡献为依据的薪酬管理制度，编辑考核兼顾图书社会效益和经济效益，将奖励机制与双效考核紧密结合，组建专家型编辑团队，以老带新，促进书刊质量提升。

2020年，突如其来的新冠肺炎疫情给生产经营工作带来了一定影响。面对疫情防控常态化局面和不断变化的外部环境，人美社统筹生产经营和疫情防控工作，做到了全体员工“零感染”，同时，充分发挥融媒体的龙头作用，大力发展线上营销，在一定程度上促进了线上营销和传播活动的开展。疫情无情人有情，人美社积极组织书画作品征集和义卖等公益活动，向湖北省教育基金会捐款捐物100万元，为抗疫救助做出了贡献。在集团的坚强领导下和全社员工的集体努力下，人美社经受住了疫情的考验，攻坚克难，化危为机，使经营情况稳步发展，保证了各项经济指标的完成。

五、党风党建，焕发新貌

十八大以来，在党建工作的推动下，各级各部门党委相继开展了系列党风廉洁自检自查和学习活动。作为中国出版国家队，人民美术出版社坚持以习近平新时代中国特色社会主义思想为引领，紧跟形势，严格自检自查，认真对待巡查整改，不断用制度来落实和促进党建工作。

2018年，为促进党建和业务的融合，人美社制定了《关于进一步贯彻落实中央八项规定精神的实施细则》《贯彻落实意识形态工作责任制的实施细则》，坚持正确的出版导向，牢固树立“四个意识”，坚定“四个自信”，切实践行“两个维护”，坚持“两个巩固”，不断加强党的思想建设，严格执行廉洁自律规定。

2019年，人美社在上一年意识形态工作基础上，继续加强政治建设，以推动党风政风持续向好。设立纪检监察办公室，设专职纪检工作人员，把党建要求体现到制度中，先后制定和修订下发了《“三重一大”决策制度实施办法》等20多个规章制度，力争做到以制度为依据，按制度抓党建。2020年，制定了《关于进一步加强和改进编辑工作管理的若干规定》，进一步落实意识形态责任制和美术作品的导向管理，增强编辑的导向把关意识。

党史学习教育专题学习扩大会

2020年，根据中国出版集团有限公司党组统一部署，按照《关于印发〈中国出版集团有限公司党组巡视整改工作方案〉的通知》要求，及时传达组织学习《中国出版集团有限公司党组巡视整改工作方案》，研究制定《中国美术出版总社落实〈中国出版集团有限公司党组巡视整改工作方案〉整改清单》，明确具体整改事项、责任人、责任部门及整改措施。在纪检监察方面，会同审计对总社及各独立核算单位进行内部审计，履行监督职能，以制度管人。

同时，发挥党建引领作用，服务大局，认真解决党建与业务工作“两张皮”的问题。总社党委中心组严格按照规定，每季度召开中心组学习会议。党委中心组成员、领导班子成员带头参加支部学习、讲党课，发挥表率作用，建立党支部工作联系点制度。加强党支部标准化、规范化建设，发挥党员干部先锋模范作用。优化组织设置，根据业务情况设立十个党支部，组织并督促党员积极参与组织生活。按照中国出版集团有限公司《关于开展巡视整改廉洁风险点自查自纠工作的通知》要求，将巡视整改廉洁风险点自查自纠工作视为落实集团巡视整改要求的重要工作，对业务领域及生产经营环节廉洁风险点开展广泛深入的自查自纠。人美社成立专项小组，对廉洁风险点细致排查，对图书印刷、发行销售、合作出版、项目投资、合同管理、财务管理等方面的风险点进行逐条梳理，及时督促相关部门提出整改措施，并限时整改，同时围绕廉洁风险点进行教育、监管、追责，形成长效机制。

经过五年来的调整和落实，人民美术出版社“四个人美”的战略布局越来越清晰、产品线的集群效应逐步显露，线上线下的融合优势已经形成，新大楼内的新人美正在孕育、正在成长。

第二节 出版的人美：多管齐下，夯实主业基础

“出版的人美”是人民美术出版社的立身之本，也是其70年来逐步形成的品牌基础，更是人美社积淀最深的传统业务领域。深耕出版沃土，不断提高出版物的品牌影响力，是“四个人美”建设中的基础工作。

一、调整出版结构，提升品牌价值

随着“四个人美”全面建设的开启，根据社内出版领域存在的突出问题，人美社从控制生产运营成本、减少自费书出版和合作出版数量、严控新书品种和质量、提高图书重印率等具体措施出发，逐步调整图书出版结构，进一步提升品牌自身含金量和价值。2016年专门制定了《对外合作出版选题论证制度》，严把自费书和合作出版质量关。这一壮士断腕式的出版结构调整很快得到了回报：2016年至2020年的五年间，新书品种逐年下降（主要是自费书和高定价豪华版图书锐减），重印书品种占比逐年上升（2020年重印率达67.7%，其中本版书的重印量递增），版权输出逐年增加（除2020年，因疫情原因版权输出相比上一年有所下滑，但仍比2016年版权输出量略高）。重印率和版权输出的提升都预示着出版社整体出版质量的不断提高。

除优化选题结构外，人民美术出版社还立足专业特色，注重出版导向，做好主题出版，坚持社会效益第一，努力追求两个效益的统一。越来越具有时代敏锐性的人民美术出版社，开始结合国家发展形势和重大历史节点，契合国家大政方针和市场需求，开发有特色的主题出版选题，积极申报国家出版基金项目，关注社会热点和文化潮流，传递时代精神。

同时作为中国出版国家队，人美社越发意识到学术性和专业性对于自身图书品牌塑造的重要性。2019年6月15日，习近平总书记发表在《求是》杂志上的文章《坚定文化自信，建设社会主义文化强国》指出：“我们不仅要让世界知道‘舌尖上的中国’，还要让世界知道‘学术中的中国’、‘理论中的中国’、‘哲学社会科学中的中国’，让世界知道‘发展中的中国’、‘开放中的中国’、‘为人类文明作贡献的中国’。”因此，从美术专业出版的角度来说，做高端的学术出版，建设研究型、学术性出版社，是人美社作为美术出版国家队义不容辞的责任和使命。为了进一步加强学术出版，2018年底，学术出版中心成立，以学术图书、高等院校专业教材和轻学术类图书为主要出版领域。经过两年的努力，“人美学术文库”系列正在逐步推出。

《地球的红飘带》

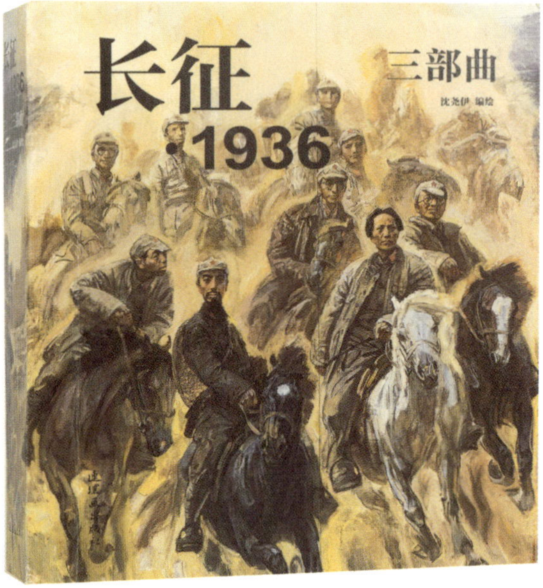

《长征•1936 三部曲》

《丝路连韵——丝绸之路历史人物故事连环画》

《人民就是江山——庆祝中华人民共和国成立70周年连环画集》

连环画出版作为人民美术出版社创建初期的出版神话"年、连、宣"三产品之一，至今仍然充满活力，在最近几年的版权输出方面有出色表现。而以连环画为特色的少儿出版，也根据时代和市场需求的变化，经历着不断的蜕变和革新。

经过几年的积累，人民美术出版社的出版物集群形成了以主题出版项目和各级各类出版基金项目为主的一级产品线，以美术、书法、连环画、学术出版、艺术设计、教育为主的二级产品线的产品集群。这种梯队式的产品链，为进一步打造人美出版矩阵提供了坚实的基础。

二、重点美术图书出版项目

1. 主题出版

主题出版作为近年来各出版社青睐的出版领域，集中反映了国家时政和文化发展的现实需求。人民美术出版社过去的很多选题一直都涉及此领域，只是当时尚无"主题出版"这一提法。2018年印发《关于2018年度图书出版结构的指导意见》，明确规定主题出版占有一定比例。因此，人美社的主题出版类图书更加丰富和多样化了。

以最近五年为例，2016年，为纪念红军长征胜利会师80周年，推出了连环画图书《长征·1936三部曲》《地球的红飘带》《一个人的长征》，另外还推出了《新丝路·新起点——全国美术名家"丝路行"主题创作活动作品集》《庆祝中国共产党成立95周年全国美术作品集》等图书。

2017年的主题出版有《中华史诗美术大展作品集》和围绕中国梦为主题的《中国梦黑板报》。另外因正值中国人民解放军建军90周年，国家新闻出版广电总局2017年主题出版项目《千秋定国赖戎衣——庆祝中国人民解放军建军90周年连环画集》也出版了。同年还出版了表现"一带一路"主题的传统连环画《丝路连韵——丝绸之路历史人物故事

《春天的画卷——纪念改革开放40年连环画集》

连环画》以及践行社会主义核心价值观的《图说社会主义核心价值观系列连环画·最美的中国人》等图书。

2018年编辑出版了《伟大的作品　伟大的历程（1978—2018）》《春天的画卷——纪念改革开放40年连环画集》等主题类图书，同年还主办了“纪念马克思诞辰200周年暨中国共产党成立97周年美术作品展览”。

2019年，围绕党和国家工作大局，提前预判、提前准备、提前策划，出版了《人民就是江山——庆祝中华人民共和国成立70周年连环画集》《影画中国——庆祝中华人民共和国成立70周年电影连环画集》《太行新愚公——李保国》等主题类图书。中宣部出版局《出版动态》专门介绍了《人民就是江山——庆祝中华人民共和国成立70周年连环画集》的出版情况，认为“体现了出版社发挥自身优势，积极投身新中国庆典大合唱、主动服务大局、满足读者阅读需求的自觉性”。围绕弘扬中华优秀传统文化和社会主义核心价值观，出版了《中国绘本·彩色连环画故事》系列、《课本绘·中国连环画小学生读库》系列等一批贴近生活、贴近实际、贴近群众的原创图书，用连环画的形式吸引更多读者关注，增强主题类图书传播的广泛性和有效性。

2020年是我国扶贫攻坚决胜之年，《“决胜全面小康、决战脱贫攻坚”系列宣传画集》入选中宣部2020年主题出版重点出版物选题，《最可爱的人——纪念中国人民志愿军抗美援朝出国作战70周年连环画集》则是对抗美援朝70周年的献礼。

2021年，在建党百年之际，推出了《非凡百年奋斗路——庆祝中国共产党成立100周年百种经典连环画》《最美奋斗者》《永恒的初心——中国共产党成立100周年连环画集》三套大型系列丛书，从讲好中国革命传统、讲好党史、讲好当代故事的角度，全方位普及红色教育。

2. 重点出版项目和获奖情况

最近几年，入选国家出版基金、古籍整理规划项目和其他的国家级规划项目的选题逐渐增多，仍以最近五年为例。

2016年，《纪念中国人民抗日战争胜利70周年百种优秀连环画》入选国家出版基金2016年度主题出版项目。

2017年，《韩美林艺术大系》《20世纪中国插

《影画中国——庆祝中华人民共和国成立70周年电影连环画集》

《最可爱的人——纪念中国人民志愿军抗美援朝出国作战70周年连环画集》

《永恒的初心——中国共产党成立100周年连环画集》

《最美奋斗者》连环画系列丛书

《非凡百年奋斗路——庆祝中国共产党成立100周年百种经典连环画》

《广封泥考略》

图艺术》入选2017国家出版基金资助项目，《广封泥考略》入选国家古籍整理出版专项经费资助项目，《中国工艺美术全集》入选国家新闻出版广电总局《“十三五”国家重点图书、音像、电子出版物出版规划》，《社会主义核心价值观彩色连环画》《千秋定国赖戎衣——庆祝中国人民解放军建军90周年连环画集》入选国家新闻出版广电总局2017主题出版项目，《西征·东归》入选“原动力”中国原创动漫出版扶持计划。

《中国南传佛教艺术研究——傣族佛寺壁画》《纸寿千年——中国历代书画用纸》《郭沫若书法全集》入选2018年度国家出版基金资助项目，《〈芥子园画传〉经典传世本集成》和《〈历代名画记〉疏证（配图本）》入选《“十三五”国家重点图书、音像、电子出版物出版规划》增补项目，《〈芥子园画传〉经典传世本集成》还获得2018年国家古籍整理出版专项经费资助。

2020年，《“决胜全面小康、决战脱贫攻坚”系列宣传画集》入选中宣部2020年主题出版重点出版物选题，《人民的战士》《中国传统民艺丛书》入选国家出版基金资助项目，“中国经典民间故事动漫创作出版工程”入选中宣部出版局项目资助。

2021年，《不忘初心、牢记使命——中国共产党历史展览（1921—2021）》《非凡百年奋斗路——庆祝中国共产党成立100周年百种经典连环画》《永恒的初心——中国共产党成立100周年连环画集》入选中宣部2021年主题出版重点出版物选题。

近年来，人美社在国家级、省部级等各大奖项的评选中均有斩获。2021年7月29日，中央宣传部在京召开第五届中国出版政府奖表彰会，人民美术出版社荣获中国出版政府奖先进出版单位奖。中国出版政府奖是我国新闻出版领域的最高奖，旨在表彰

《〈髹饰录〉与东亚漆艺——传统髹饰工艺体系研究》

《经典连环画原稿原寸系列·西厢记》

和奖励国内新闻出版业优秀出版物、出版单位和个人。此次评选中，人美社是唯一一个获得该奖项的美术专业出版机构。2012年，人美社获得“2009—2011年度中央直属机关文明单位”称号。2014年，人美社获得“2013中国图书世界影响力出版100 强”称号。2017年，人美社获得中国出版集团“2012—2016‘走出去’综合排名第一名”。2020年，人美社和连环画出版社获得“2019中国图书海外馆藏影响力出版100强”。2020年，中国美术出版总社获得中国出版集团“2017—2019主题出版先进单位”。

在图书方面，人美社每年都有大量图书获奖。2016年，《会说话的手》获得首届“图画书时代奖”银奖；《外国名家精品集》系列获第二十五届“金牛杯”优秀美术图书银奖，《尼古拉·费钦的艺术》《传统美术与现代派》《中国书法批评史》等6种获铜奖；《绘本〈西游记〉故事》入选“中版好书2016年度榜少儿十大好书”，《中国书法批评史》入选“中版好书2016年度榜文学艺术十大好书”。

2017年，《〈髹饰录〉与东亚漆艺——传统髹饰工艺体系研究》获得第四届中国出版政府奖图书奖、第六届中华优秀出版物奖图书奖提名奖；《经典连环画原稿原寸系列·西厢记》获得第四届中国出版政府奖装帧设计奖；《李苦禅全集》《中华史诗美术大展作品集》分别获得第二十六届“金牛杯”优秀美术图书金奖、银奖，《看见美好：文物与人物》《设计的故事——走向设计之人》《图说社会主义核心价值观系列连环画·最美的中国人》等4种获铜奖；在第八届中国出版集团出版奖评选中，《长征·1936三部曲》获综合奖，《中国书法批评史》获优秀编辑奖，《中国传统绘画史纲——画脉文心两征录》获优秀选题奖，《白求恩在中

《最美中国画 100 幅》

《极简中国古代绘画史》

《中国美术史》

国》获优秀设计奖，《李苦禅全集》获优秀印制奖，《第二次世界大战史连环画库》（韩文版）获优秀“走出去”奖。

2018年，《最美中国画100幅》入选国家新闻出版署“向全国青少年推荐百种优秀图书”；《春天的画卷——纪念改革开放40年连环画集》《极简中国古代绘画史》入选“中版好书”2018年度榜；《千里江山：徽宗宫廷青绿山水与江山图》入选中国出版协会2018年度“中国30本好书”；《朽者不朽——陈师曾和他的时代》荣获第二十七届“金牛杯”优秀美术图书银奖，《千里江山：徽宗宫廷青绿山水与江山图》《极简中国古代建筑史》等3种获铜奖。

2019年，《人民就是江山——庆祝中华人民共和国成立70周年连环画集》《影画中国——庆祝中华人民共和国成立70周年电影连环画集》获中国出版集团公司“2019年主题出版奖”；《春天的画卷——纪念改革开放40年连环画集》《中国美术史》《楷书王国》《绘本〈西游记〉故事》《黑土子的故事》获第九届中国出版集团出版奖；《中国美术史》《人民就是江山——庆祝中华人民共和国成立70周年连环画集》《藏器——青铜器的文化与收藏》入选“中版好书”年度榜；《极简中国古代绘画史》《新定急就章及考证》《陈琦格致：一个展示和理解的实验》《春天的画卷——纪念改革开放40年连环画集》《小学生连环画课外阅读·传统文化故事》获得“金牛杯”优秀美术图书奖铜奖，《陈琦格致：一个展示和理解的实验》获得“金牛杯”优秀装帧设计奖；《西游漫记》入选首届“中国原创绘本200”榜单。

此外，《春天的画卷——纪念改革开放40年连环画集》《千秋定国赖戎衣——庆祝中国人民解放军建军90周年连环画集》《人民就是江山——庆祝中华人民共和国成立70周年连环画集》《丝路连韵——丝绸之路历史人物故事连环画》《社会主义核心价值观彩色连环画》《图说社会主义核心价值观——北京中小学生原创连环画》入选中国出版集团“2017—2019年度优秀主题出版物”。

2020年，《中国传统绘画技法丛书·十八描·技

《藏器——青铜器的文化与收藏》

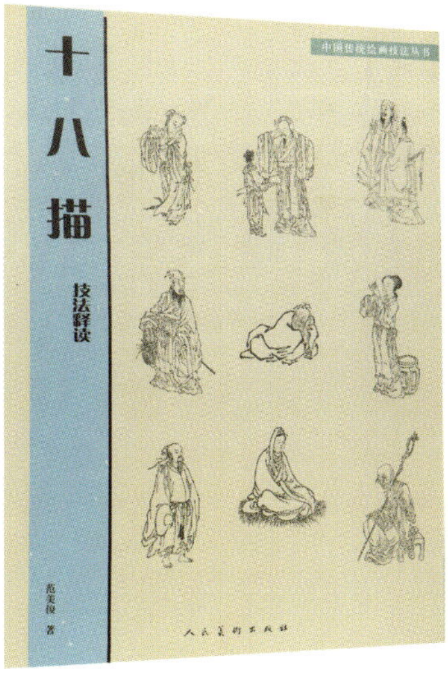

《中国传统绘画技法丛书·十八描·技法释读》

《晚明设计批评的文人话语》

法释读》《最可爱的人——纪念中国人民志愿军抗美援朝出国作战70周年连环画集》入选“向全国老年人推荐优秀出版物”；《韩美林艺术大系》《最可爱的人——纪念中国人民志愿军抗美援朝出国作战70周年连环画集》获“金牛杯”优秀美术图书金奖，《层累的图像：拼砌砖画与南朝艺术》《设计史：20世纪日常物品的设计、思想与理论》《张乐平全集》获银奖，《百问千里——王希孟〈千里江山图〉卷问答录》获铜奖；《陶瓷古彩与现代陶艺创作人才培养项目成果作品集》入选“中国出版政府奖推荐产品”，并与《火种记——南方三年游击战争侧记》共同获得“北京印刷质量大奖”。

2021年，《非凡百年奋斗路——庆祝中国共产党成立100周年百种经典连环画》《永恒的初心——中国共产党成立100周年连环画集》入选中宣部出版局“书映百年伟业——庆祝中国共产党成立100周年好书荐读”。《北京史诗·重大历史题材中国人物画》获第五届中国出版政府奖装帧设计奖提名奖。《百问千里——王希孟〈千里江山图〉卷问答录》获第16届文津奖提名奖。

在期刊方面，2016年，《中国美术》入选2016年“中国最美期刊”；2018年，《中国美术》《中国艺术》入选2018年“中国最美期刊”，《连环画报》入选国家新闻出版署第九届“向全国少年儿童推荐百种优秀报刊”；2019年，《中国美术》选题“连环画里的共和国70年”获中宣部“庆祝新中国成立70周年”期刊主题宣传资助，《连环画报》《中国美术》《中国艺术》入选“庆祝中华人民共和国成立70周年精品期刊展”，并作为优秀期刊在第26届北京国际图书博览会（BIBF）上展出；2021年，《连环画报》“党史绘·开天辟地”选题入选中宣部出版局组织的“青少年期刊讲党史”主题宣传重点选题。

三、学术出版

为进一步突出打造出版的专业性和学术性，

《层累的图像：拼砌砖画与南朝艺术》

《民艺学论纲》

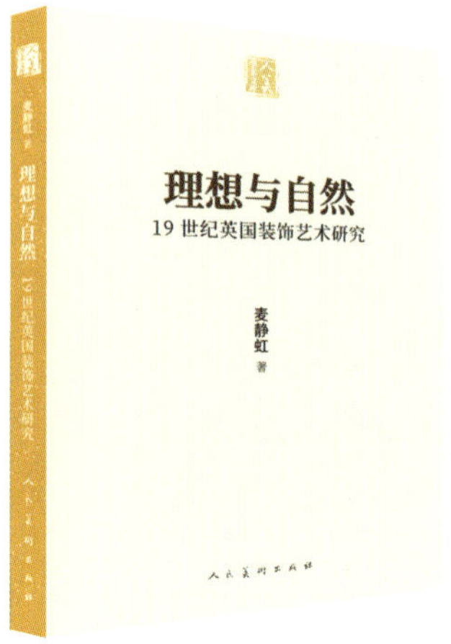

《理想与自然：19 世纪英国装饰艺术研究》

2018年底，酝酿已久的学术出版中心成立，选题主要包括高等美术专业教学教材系列的开发、学术图书和轻学术类文化普及类图书三大类。学术出版中心陆续出版了《武氏祠真伪之辩：黄易及其友人的知识遗产》《晚明设计批评的文人话语》《层累的图像：拼砌砖画与南朝艺术》《理想与自然：19世纪英国装饰艺术研究》《民艺学论纲》《青萍之末——嘉道年间岭南的文人生活与艺术世界》《月上孤峰——南宋禅宗绘画研究》等学术专著。

2019年，“人美学术出版基金”项目启动，旨在资助体现原创性、理论性、前瞻性，实践性强，具有重要社会价值、文化价值、科学价值的学术专著出版，以展现当今艺术领域的学术风貌和研究成果。评选本着公开、公平、公正的原则和对学者、学术负责任的态度，评选出的作品将由人美社承担全部费用并负责发行。2019年，第一届活动在30余所院校申报的80余本书稿中评选出5本书稿；2020年，第二届活动从近50所院校申报的79本书稿中评选出4本书稿。通过这一项目，人美社挖掘到了一批精品力作的出版权，也受到高校师生和研究机构的广泛赞誉。

2021年，《中国美术史纲》在首届全国教材建设奖评比中入选“全国优秀教材”（高等教育类）。学术出版中心又陆续推出了“中国高等艺术院校精品教材大系”：《设计史：20世纪日常物品的设计、思想与理论》《插画设计》《创造完美世界——三维空间基本原理》《设计学概论》等多本教材。其中，《设计学概论》一书的销量过万册，为高校专业美术教材的开发工作开了一个好头。

四、连环画出版

作为人美社的传统出版品牌，连环画出版一直保持着优势。在此基础上，为进一步整合社内的优势资源，将原有的少儿美术板块和传统的连环画板块合并，成立了连环画出版中心，承担主题出版、重点出版项目、少儿图书出版等工作。随着时代发展和市场需求的变化，连环画出版中心的选题实现了从传统连环画到绘本等多元形态的全方位转型，读者年龄层实现了从低幼儿童到成人的全覆盖。

针对收藏类的“连迷”，连环画出版中心主要开发本社原有的经典选题，采用宣纸版精装的形式，使其

《中国绘本·彩色连环画故事》

《课本绘·中国连环画小学生读库》

《中小学生健康规范》

更能满足当下收藏者的要求；针对一般大众读者，开发“小人书”系列（4至5本一套，分主题出版）和“小人书阅读汇”系列（以主题分，20本一套，如四大名著、《孙子兵法》、《东周列国故事》等）。

针对低幼儿童群体，即幼儿园阶段至小学一二年级的读者，推出《中国绘本·彩色连环画故事》系列，以儿童文学的语言形式，采用绘本的开本，以线描和工笔重彩为艺术表现形式，附上家长导读和亲子共读指导，贴近读者需求。针对小学生群体，推出了《课本绘·中国连环画小学生读库》系列，主要以传统经典连环画的形式解读传统故事和红色经典故事，采用竖32开本、加注释和阅读游戏的方式，提高学生的参与兴趣。

2021年，按照国家卫生健康委员会党组的部署，在健康中国行动推进委员会办公室的指导下，人民美术出版社与中国健康教育中心联合编写出版《中小学生健康规范》，结合疫情防控有关要求，用故事的形式讲述中小学生应知应会的卫生健康知识，作为“健康中国行动”15个重大专项行动之一。

未来几年，彩色连环画将会成为连环画中心的原创产品开发重点，而围绕着相关的主题出版项目和各级各类重点项目工程而进行的原创产品开发，将会是连环画出版领域值得期待的拳头产品。

经过系列调整后的人美社，出版图书的起印数有所提高。2017年，《绘本〈西游记〉故事》系列起印数1万册，《中国连环画经典故事系列》等11种加印数都是2万册。在2018年的哈瓦那国际书展和第55届意大利博洛尼亚国际书展上，“中国经典连环画作品展”促进了中国连环画与世界图书之间的文化交流，对传播弘扬中国优秀传统文化发挥了积极作用。

同时，在营销方面也有新的突破。即便是2020年，在实体书店受疫情影响、经营遇到困难的情况下，人美社仍能积极采取措施，制定“一书一策”，对800多种图书进行分类，为每种图书匹配最适合的销售渠道。由于工作重点及时转移到了网络渠道，加强了当当、京东、天猫渠道的投入，人美社2020年的经营指标得到了较好的完成，大大削减了库存码洋，图书均获得了良好的市场反馈。

第三节 教育的人美：新美育时代的先行者

出版和教育有着天然、密不可分的联系，新中国的第一本美术教材就诞生于人民美术出版社。教育产品线是人美的生命线，是起支撑作用的重要产品线，也是经济支柱。“教育的人美”不仅体现在传统的教材出版方面，人美社最近几年提出并加大建设力度的美育学堂，则是美术教育社会化进程中颇具特色的战略新布局。

一、人美美育学堂的建设

人美美育学堂是人民美术出版社抓住新美育时代机遇进行品牌扩展的典型案例。作为由人美社主办的权威校外美术培训机构，“让美伴随一生”是其核心的理念和宗旨。美育学堂在建立之初就提出了“提高幼儿及中小学阶段美术教学质量”“进行科学系统的艺术素养培养”“面向社会进行美育普及”的三大特色培训方向。不但整合了教师、艺术家、非遗传承人等优质资源，还与国内外近百所院校达成合作共识，组建了教学专家顾问团队和课程研发教师团队。

从2017年开始，美育学堂的课程研发工作开始启动，旨在针对不同年龄、不同基础的学习者设计对应的课程方案，提供科学系统的模块化、个性化、综合性美育服务。其中，面向3岁—12岁儿童的美育服务被视为工作重点。针对此年龄段儿童的认知特点，人美社推出了面向3岁—6岁儿童的“美的启蒙”幼儿美术启蒙课程和面向7岁—12岁儿童的“美的启航”系列课程，如书法、中国画、素描、色彩，甚至包括摄影、版画、剪纸、连环画等特色课程。除此之外，面向成人的美术兴趣班也同步招生，按照教学难度分为初、中、高三个等级，内容涉及中国画、书法、色彩、素描、油画、篆刻、摄影等。每门课程方案包括教材及PPT教案、教师指导用书、教学示范视频、供学习临摹的多种经典仿真作品资料库、课程配套材料包等全套课程教学解决方案。

《美的启蒙》

人美美育学堂

美育学堂授课现场

有了这些全套的美育课程解决方案作为基础，再加上现代化多媒体教室的软硬件辅助，“把美育学堂带到全国乃至世界各地”的梦想就变得触手可及。基础教育阶段的美育课堂作为教育部基础教育课程教材发展中心的实验区，在全国各地迅速落地生根。2017年，“人美美育学堂”落地山东临沂第三十九中学，这是人美社与教育部基础教育课程教材发展中心合作共建的第一所实验区人美美育学堂，随后双方又在成都、重庆、广州、大连、郑州等地共同建设了8家人美美育学堂。2019年5月18日，首届“人美美育学堂”加盟商大会在北京举行。“让不同地区、不同民族、不同经济发展水平地区的孩子都能享受到同样的美育服务，体验美、享受美、创造美，让美伴随一生”不再只是一种理想。人美美育课堂通过网络可视化终端和课堂直播软件，可以轻松实现同时在线、同上一节课，共同与艺术大师们通过屏幕进行面对面交流互动，真正实现让更多的孩子拥有“国家品牌、国际视野、名师团队、专业水准”的校外美术课堂。目前，人美美育学堂在全国各地已建有20余所分校，每年培训学生4000余人。

二、教材出版

作为美术教材出版的行业领导者，人美版教材一直以编写理念先进和使用范围广泛在全国名列前茅。自从2016年开始全面建设“四个人美”以来，新的教材出版战略布局就已经展开。

2016年9月，为全面加强教材工作，适应教材市场的新变化，人美社成立教材编辑中心，分别设立中小学、幼儿和大中专教材编辑室，以及相关期刊编辑室。经过几年的发展，人美版教材已经实现了校内校外、全年龄段、不同地域和不同媒介形态“四个全覆盖”。具体来说，人美版教材既有针对校内美术类课程的系列教材，也有针对学龄前、成人的美育系列教材，既有原有的义务教育阶段和高中阶段美术教材、教辅，又新出版了面对低幼儿童的学龄前教材。这其中，所有教材既包括传统纸质形态，又新开发了多媒体的数字化版本及课程，发行地域涉及全国各省市。如此一来，人美社的教材产品线和校外培训、高端成人美育培训、教育服务云平台一起，构成了人美教育出版的四大业务板块，共同支撑起人美教育的新战略格局。2021年，

新高中美术教材（全7册）

人美教材（北京）有限公司在首届全国教材建设奖评比中获“全国教材建设先进集体”。

而最近五年来，教材出版不断研发有市场前景的新产品、新项目，比如：

1. 中小学教材、教辅新品开发

2018年，人美社编写的新高中美术教材（共7册）通过了教育部和国家教材委员会专家委员会审定，这是十多年来首次针对高中美术教材的全面修订。此次修订，按照教育部颁布的《普通高中美术课程标准（2017年版）》对上一版的9本高中美术教材进行了重新编写，编写成《美术鉴赏》《绘画》《中国书画》《雕塑》《工艺》《设计》《现代媒体艺术》7本新高中教材。其中《美术鉴赏》是必修教材，其他6本为选择性必修教材。《美术鉴赏》于2019年9月在全国实验省份使用。新修订的高中美术教材受到教育主管部门和广大教师的肯定和赞扬，被誉为“导向正确、专业精湛、理念先进、体系科学、适用性强，具有标杆作用”，也受到各地教材市场的青睐。2020年，在教材市场政策相对稳定的前提下，人美版新高中美术教材在浙江省打破了十年来市场为零的局面，11个地市中有10个地市选用。广西14个地市中有7个地市选用。此外，北京市海淀区和丰台区的新高中美术教材也由其他版本变为人美版教材。2021年，《美术鉴赏》和《中国书画》在首届全国教材建设奖评比中入选“全国优秀教材”（基础教育类）。

2018年，北京版《书法练习指导》（2015年开始使用）通过北京市审查。按照北京市中小学地方教材审查委员会的统一要求，北京版《书法练习指导》（一至二年级，七至九年级）顺利完成重新送

2019 版普通高中美术教材融媒体教学资源套装

审工作。教材编辑中心还新编地方书法教材、数字教参159种，其中新编纸质版书法教材15种，扩大了江西、四川书法教材的产品规模，开发新编江西版《书法练习指导》，提高了市场占有率。2021年，《义务教育教科书·美术》（一年级下册）、《义务教育三至六年级·书法练习指导（实验）》（五年级上册）》在首届全国教材建设奖评比中入选“全国优秀教材”（基础教育类）。

在扎实布局教材市场的同时，人美教材中心还积极研发市场化教辅新品，包括《读诗词·练写字》配统编版语文教材、《写字·课课练》配统编版语文教材、《课本绘·中国连环画小学生读库》配统编版语文、历史、道德与法治教材和《美育》系列教材，与美术教材相辅相成，逐步打造出人美教辅产品系列的规模效应。新的教辅产品在四川、辽宁、吉林、江苏和陕西等省取得了较好的市场效果。

在不断提升教材、教辅内容建设的同时，人美社还高度重视教材数字化水平的提升。配套现有的教材教辅研发，新编了美术教参数字光盘144张，研发推出了2019版普通高中美术教材融媒体教学资源套装，增加并升级《义务教育三至六年级·书法练习指导（实验）》配套数字资源。这一系列多媒体形态的教材教辅产品，以及配合融媒体平台的教学视频的开发，为中小学的美术课堂教学提供了有力的技术和资源支持。

2. 校内外美育教材的开发

十八届三中全会把“美育”二字写入了工作报告，提出要“改进美育教学，提高学生审美和人文素养”。这是美育第一次被写进党的文件，标志着美育的重要性已达到党和国家的战略高度。习近平总书记指出：“美术教育是美育的重要组成部分，对塑造美好心灵具有重要作用。”他要求：“做好

《美育》教材（全18册）

美育工作，要坚持立德树人，扎根时代生活，遵循美育特点，弘扬中华美育精神，让祖国青年一代身心都健康成长。”2020年10月15日，中共中央办公厅、国务院办公厅又颁布了《关于全面加强和改进新时代学校美育工作的意见》，教育部也印发《关于切实加强新时代高等学校美育工作的意见》等一系列文件对美育工作进行了全面部署，将中小学美育和高校美育都纳入进来，标志着我们进入了新美育时代。

在新美育时代的大背景下，如何引领中小学生提高审美能力和人文素养，成为摆在所有艺术教育者面前的重要课题。人民美术出版社顺应时代要求，组织“百名最美美术教师”担任编委，邀请美育专家精心编写并出版了全国第一套中小学《美育》教材，为义务教育阶段普及和提高美育提供了范本，对中小学生普及美育、提高审美素养起到引领和推动作用。全套教材共18册，1至9年级分上下册，涵盖义务教育全学段，体现了话题入手、以情动人、注重细节、娓娓道来四个特点。

具体来说，该套书以话题入手，共选择140多个美育相关话题，如“一张宣纸”“古人的‘微信’”“敦煌！敦煌！”等，洋溢着中国文化的温度，可读性很强。这些话题以小见大，通过具体而又有丰富细节的故事、器物、情感解释大美育精神。文字、图片、版式设计也注重细节，体现工匠精神。同时，该套教材选取学生身边的鲜活案例，从爱国、爱家、亲情、友情等角度打动学生心灵，让学生发自内心地感受美、发现美和探究美。而且行文多采用优美流畅的散文，语言平易近人，每一分册都考虑到了该年级学生的接受能力，让学生在潜移默化中感受美的熏陶。

在校外美术教材开发方面，除人美美育学堂提

环太湖大区
巴蜀一湖湘大区
岭南大区
环京大区
长三角大区
敦煌大区
白桦林大区
长安大区
蒲公英大区
2019
最美
美术教师提名奖
投票开启
2020
人民美術出版社

全国美术教师大会现场

供了3岁—12岁少儿美育方面所需的配套教材外，艺考培训教材是另一个重要的内容。新美育时代，艺考也会表现出一些新特点，主要有教学观念新、考试内容新、教材教法新、训练模式新、选拔模式新、考生应对新六个方面。2021年，人美社组织学术出版中心、期刊采编中心、品牌中心与各大美院、艺院教师开始编写艺考系列教材，包括联考教材和九大美院、六大艺院的校考教材。2021年5月，联考教材出版了色彩、素描、速写三个科目的上册。这套教材考点清晰、范例明确，能够帮助考生把握考试重点，轻松应对艺考。

三、美育理论与实践的先行者

为了进一步做好新时代的美育工作，人美社时刻不忘借助社内不同部门所开展的业界交流活动，主动发声，探索新美育时代教学方案，进行美育理论和实践的探讨与积累。

2019年，人美社举办了“2019人美年度美术教育人物——寻找最美美术教师”活动。这一活动分为线下和线上两部分。线下部分，在八大美术特色区域举办“2019全国美术教师大会”，邀请全国各地的美术（书法）、骨干教师一起探讨新时代美术教育的走向和教学方法。线上部分，举办“2019人美年度教育人物——寻找百名最美美术教师”投票评选活动，报名人数达6000余名，最终评选出100名“最美美术教师”、100名“最美美术教师”提名奖。这一系列活动探索了新美育时代教学方案，提出了“最美美术教师”的标准，寻找和发现了一批一线好老师，在美术教育领域产生了重大影响。

同年，《幼儿美术》杂志承办了第二届中国幼儿美育年会，邀请不同领域的专家学者以全新视角探讨新美育时代幼儿美育的新风向和融合发展新举措，吸引全国百余名一线美术教育工作者前来参会，对美术启蒙教育的开展具有积极推动作用。

2020年11月，经中共中央宣传部批准，人美社的《美育》杂志创刊。创刊首发式上，全国各大美术院

人民美术出版社社长周伟（左三）、鲁迅美术学院党委宣传部部长刘新（左二）、南京艺术学院文化产业学院副院长钱志中（左四）、陕西历史博物馆科研规划部副主任李湛（左一）共同为《美育》创刊首发式揭幕

美术高考联考系列教材

校、艺术院校和师范院校美术专业、艺术专业特色院校、综合性大学美术学院及各大美术馆、博物馆的代表共60余人出席，共同研讨美育工作。《美育》杂志的创刊是人美社走进新美育时代的又一标志。

除整合社内资源和优势力量外，人美社还积极与社会力量合作，共建人美美育基地和美育文化园区。这是人美社在教材产品线全覆盖和从教材服务向课程服务转型后，将触角深入更广阔空间的又一次融合拓展。

首家基地暨人美·大都美育基地于2021年5月面向社会开放，由人美社和大都文化传播有限公司合作共建。这一基地毗邻北京798艺术中心，是一栋独立建筑，环境优美，设施先进，设有美育学堂、艺考培训中心，涵盖少儿艺术培训和艺考培训两大主要方向。2021年5月16日—19日、23日—26日在此举办了“全国高中美术教师艺术高考研讨班”。这是人美美育基地的首次亮相，也是人美社推进全国基础教育阶段美育改革发展、展现教研教学成果的又一次尝试。在活动上，人美社发布了最新编写的美术高考联考系列《素描（上）》《色彩（上）》《速写（上）》，并安排了丰富的课程，包括各大美院的招生政策解读、联考校考的必考科目讲解，并邀请多年从事美术联考命题的负责人分享联考命题解析和艺考经验。研讨班结束后，老师们纷纷表示，这次活动拓宽了他们的视野，也明晰了如何使知识在教学中落地。

美育文化园区是人美社正在探索的新尝试，将选择基础好、发展潜力大的城市，在当地党委政府的支持下，联合社会力量进行共建。设想中的园区将具有教育、培训、设计创意工场、展览、拍卖、艺术创作、学术研究七大功能，开办人美美育中学、人美美术学院，进行各类美育培训，与当地制造业密切合作，建设艺术家工作室和设计师公寓，建设美术馆、艺术中心，设立美育研究机构等。正如习近平总书记提出的“美术、艺术、科学、技术，相辅相成、相互促进、相得益彰”，园区旨在打通艺术与工业、艺术与科技、艺术与城乡建设、艺术与生活等不同领域，打造美育产学研融合基地，甚至是进一步构设城市美育文化名片。

从国家发展战略高度来看，美育理论与实践的

全国高中美术教师艺术高考研讨班讲座现场

人美·大都美育基地

探讨也是主题出版的重点。人民美术出版社敏锐地把握住了当下美育时代的需求和重点，依托自身资源优势，将美育工作与自身的出版职能完美结合。不管是以“人美美育学堂”为抓手，从校内美术教育向校外少儿培训课程和艺考培训的拓展，还是从教材服务向课程服务的拓展，都在将优质内容资源不断延伸，以适应和满足新美育时代的多元需求。未来，融合发展是人美社最重要的目标，人美教育服务平台将不断丰富和多元化，由单一形式向美育融合方向不断迈进。

第四节 美术的人美：提升业界话语权

作为中国出版国家队，人民美术出版社在美术界的影响力和品牌效应毋庸置疑。70年来，人美这块金字招牌一直是美术界的标杆和风向标。在新媒体时代，如何进一步增强人民美术出版社在美术界的影响、提升业界话语权，是“美术的人美”着重面对和解决的现实问题。

一、学术期刊：以“中央厨房”模式打造中国美术界第一媒体

作为中国出版集团内期刊最多的单位，人美社旗下集聚了10种期刊：《中国美术》《中国艺术》《油画》《书法教育》《美育》《连环画报》《中国中小学美术》《幼儿美术》《艺术博物馆》《中国美术馆》。2017年，人美社对所属的10本期刊全面研究定位、重新规划设计，在体制机制改革、内容建设、经营管理、人才队伍建设方面统一管理，以实现各媒介之间的融合发展。

1. 运行中央厨房模式，书刊联动效果显著

2017年，人美社组建期刊采编中心，对下属的四本美术类专业期刊《中国美术》《中国艺术》《油画》《书法教育》进行统一管理。组建伊始，便打破了过去以编辑部为单位，小团队、小作坊、小众化的模式，以“中央厨房”模式进行采编发流程的再造，打破期刊界限，共享资源，人员统一配置，着力于一次策划、一次组稿，多种产品、多元发布。

该制度运行后取得显著成效。各刊定位明确、风格清晰，又能形成一个有机的整体。《中国艺术》专攻设计方向，《中国美术》做深做透传统美术，《油画》注重技法与教学，《书法教育》注重教学和书法文化。各刊人员在中央厨房机制下，跨组合作完成了很多聚焦热点的选题，并推出系列重要专题。如2019年的“连环画里的共和国70年”专题获得中宣部“庆祝新中国成立70周年”期刊主题宣传资助。再如“书法博士三问”“莆田：艺术与商业的平衡”“从艺考看美院教学”“甲骨文与现代设计”“聚焦美院校考”等一批紧贴艺术热点专题，适合不同媒体、平台多元发布，一经刊出就引起较大反响。

近年来，各个期刊都在不断地改进优化。在专题方面，不断贴近时代、贴近读者、贴近学术；在教学方面，坚持开门办刊，精准对接高校；在市场方面，坚持时代性、多元性和预判性。这种良性的发展，既发挥了各刊的优势，也集聚了内容资源。多个期刊的专题实现了书刊互动，同时，期刊与图书选题的联动效果明显，资源共享成效显著。

《中国美术》

《中国艺术》

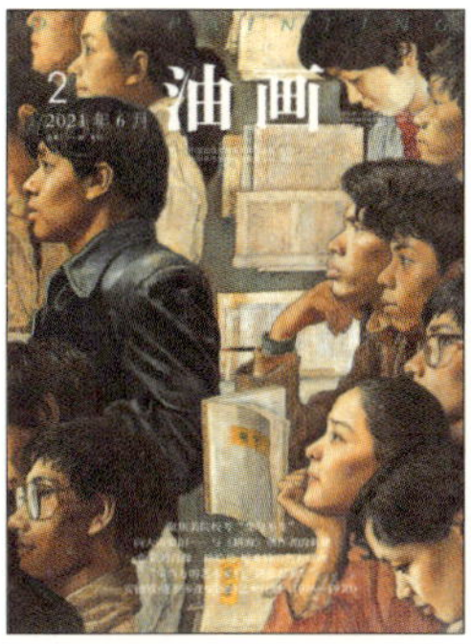

《油画》

《书法教育》(研究版)

《书法教育》(中小学版)

《美育》

《中国中小学美术》

《连环画报》

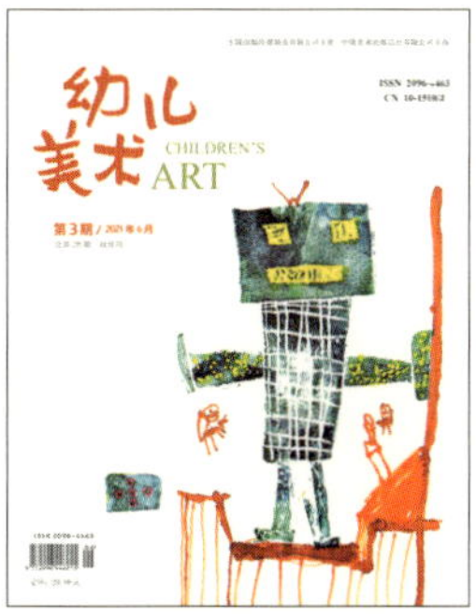

《幼儿美术》

《艺术博物馆》

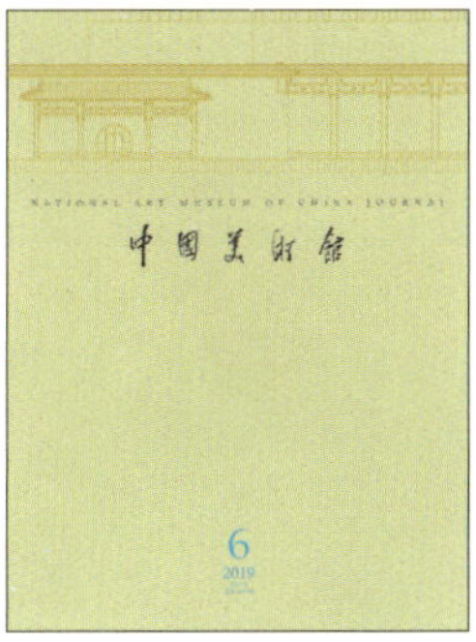

《中国美术馆》

《何以传世艺术文丛》

《雕琢文心·艺术家修养丛书》

《美的常识》

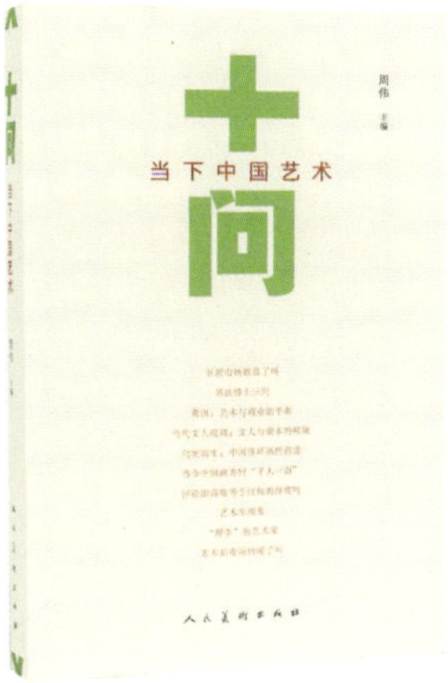

《十问当下中国艺术》

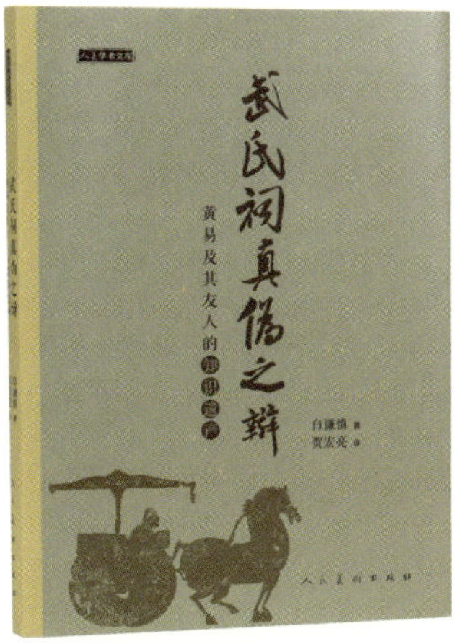

《武氏祠真伪之辩：黄易及其友人的知识遗产》

《百问千里——王希孟〈千里江山图〉卷问答录》

《中国美术》每期的“专题研究”经过学界专家的不断增补和编辑打磨，合集为《何以传世艺术文丛》，陆续出版两辑9册。《中国艺术》将“言论”“聚焦”栏目的文章精选，结集成《十问当下中国艺术》。《书法教育》开发了“艺术家修养丛书”系列图书10册。随后，《武氏祠真伪之辩：黄易及其友人的知识遗产》《百问千里——王希孟〈千里江山图〉卷问答录》《美的常识》等图书相继问世。依托《中国艺术》期刊聚拢设计资源，设计类产品线的开发也在持续推进中。

2. 突出新媒体传播优势，媒介融合程度升级

为了便于管理和突出新媒体时效性的优势，运营人美社各自媒体平台的融媒体中心，也被划归于期刊采编中心。自2016年人美社微信公众号建立起，期刊便是公众号的主要内容支撑。人美社10本期刊的内容，经过各种改编、加工，转换为适合公号发布的形式，一方面丰富了人美社对外宣传的窗口，另一方面也推动了媒介融合的进

一步深化。

在此基础上，2018年6月，人美“艺狮”平台正式上线。“艺狮”借助人美历史相关的两只狮子形象表达志向，以开阔的胸襟与视野融合外来文化，塑造当代中国的艺术智慧。平台的运行快速实现了期刊优质内容和资源的数字化，与期刊形成互补。同年7月，艺狮服务号正式运营，每周发布一次。服务号的定位更为明确，就是服务学者。每次介绍一位美术界或美术出版界的名家或学者，以此建立社群，以实现构建一个有学术高度、能发表学术成果、有利于普及美育的平台的目标。

除了微信公众号、“艺狮”平台外，人美社相继开通自己的微博、抖音、头条号、百家号、微信视频号等，使人美社在互联网上的传播形成了集群效应，再加上与传统期刊、图书的联动，媒介形态之间的融合越来越深化，正逐步向美术界第一媒体的总目标迈进。

3. 精准对接高校，开门办刊拓展经营

人美社的各本期刊在注重内容建设的同时，坚持“开门办刊”，实现立体营销。“一刊一活动”是各刊经营工作的重点，每年都会有创新之举，开拓了思路，也能取得较好的社会效益与经济效益。

2018年，《书法教育》举办的“人美雅集暨《书法教育》全国工作会”邀请近五十名全国知名书法家、学者、美术教育专家会聚重庆，旨在打造全国性的高端文化艺术交流平台；在书法进校园活动中，与北京师范大学一起举办“第十一届汉字书法教育国际研讨会”，策划“我们一起写字吧”课程开发。同年，《中国中小学美术》举办“首届全国美术微课大赛暨《中国中小学美术》2018年选题大会”，评选出一百节优质微课，并在选题大会上与各美术教研员交流美育新思路和微课教学经验。《油画》举办了“新麦田计划——第一届人美油画大展”，各美术院校师生和艺术工作者踊跃参与。

“人美雅集”笔会现场

陶瓷鉴藏与创作高级研修班上，国家博物馆陶瓷专家耿东升授课现场

中宣部分管日常工作的副部长王晓晖参观“纪念马克思诞辰 200 周年暨中国共产党成立 97 周年美术作品展览”

连环画创作高研班上，连环画名家沈尧伊点评学员作品

中国美术鉴藏专题系列研修班上，学员在广东崇正拍卖有限公司观摩

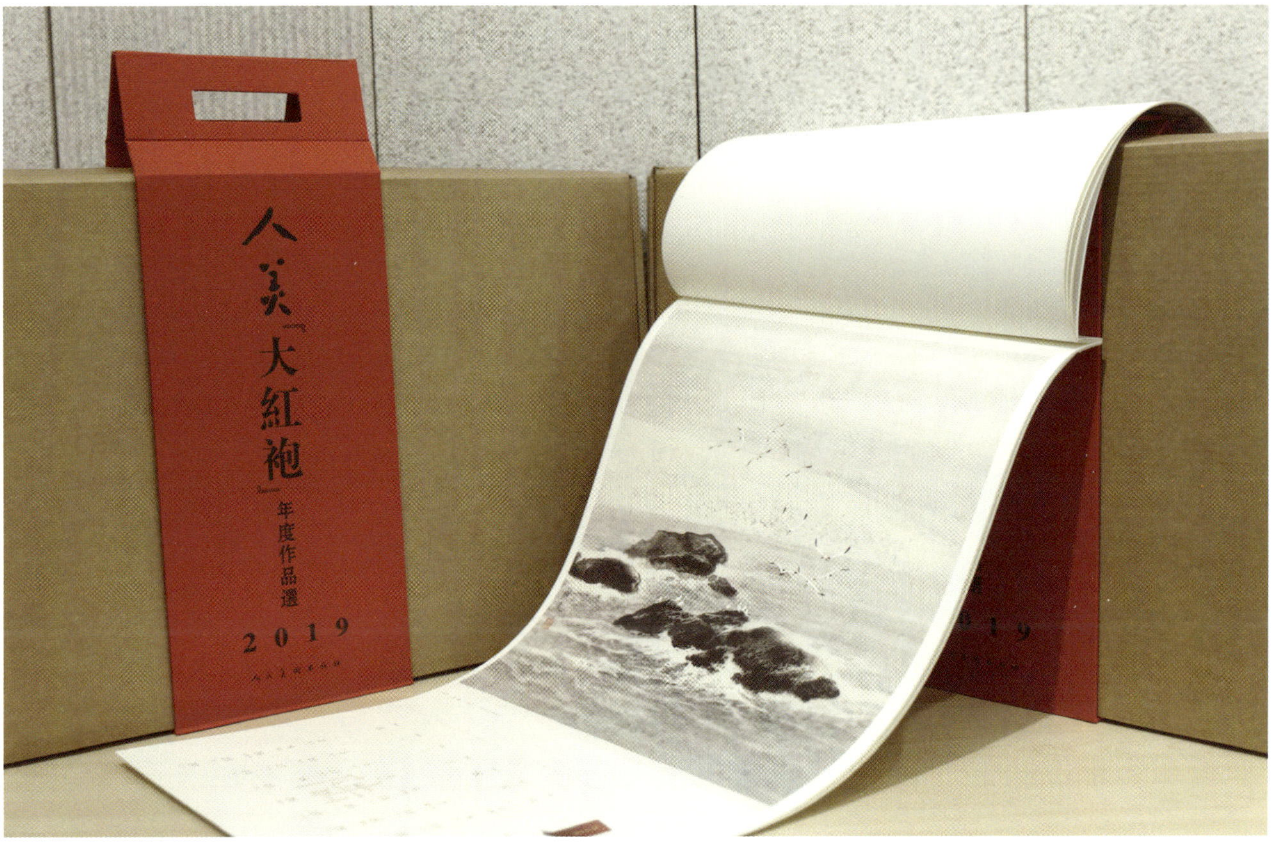

人美“大红袍”年度作品选

《中国艺术》举办了“纪念马克思诞辰200周年暨中国共产党成立97周年美术作品展览”。《幼儿美术》举办了“首届中国幼儿美育年会”和“首届中国幼儿原创艺术展”。《连环画报》举办了首届连环画教学与创作高级研修班。

2019年，《连环画报》举办了“人美记忆——连环画里的共和国70年”展览和“小康故事·美丽中国”连环画创作高研班，《中国艺术》举办了陶瓷鉴藏与创作高级研修班，《中国美术》举办了2019中国美术鉴藏专题系列研修班。这一系列讲座、展览、研学的顺利举办，树立了各期刊的品牌活动，也为人美社的美术教育实践进行了新的尝试和拓展。

二、品牌运营：盘活原有品牌价值，拓展品牌集群效应

人民美术出版社作为一家拥有70年优良历史传统的老牌出版社，业已形成多个品牌产品和整体的品牌形象。随着社会文化的变迁与发展，这些品牌也需要不断维护、更新、拓展和整体运营。人美社品牌中心就是在这一背景下应时而生的。发掘品牌的最大社会效应和经济效应，实现品牌长青长盛，需要人美社进行战略规划和精心运作。

1. 大红袍：擦亮美术界的标杆品牌

创始于20世纪90年代的“大红袍”系列，指的是《中国近现代名家画集》和后推出的《中国当代名家画集》两套大型系列画集。因其“宏大的选题规模，精湛的编辑、设计、印制水平”，加之函套上庄重的“中国红”而被美术界冠以“大红袍”的誉称。二十多年来，该系列每年都有新选题推出，且一直执行严格的遴选标准和高标准的艺术品质追求，美术界、收藏界和读者把其视为衡量艺术家艺术造诣的学术标杆，使其成为美术出版界大型系列画册出版的一个里程碑和艺术品牌。作为国家著名品牌，“大红袍”为人民美术出版社独有并注册，受国家版权保护。

为了更好地维护和运营“大红袍”，从2018年起，人美社进一步完善了“大红袍”的评选机制，设立了“大红袍”全国评委专家库，评审采取独立评审制。每次评选，从专家库中随机抽取评委。评委对每一位入选的画家进行投票，超过三分之二票数的画家方可入选，并提交人民美术出版社办公会进行论证评议。除了为入选的艺术家出版画册外，人美社还提供一系列的艺术服务。如在“人美美术馆”举办个展和图书首发式，在《中国艺术》《中国美术》《油画》《书法教育》等美术类专业期刊上发表专访介绍，在人美平台举办艺术家专题研讨会，入驻人美新媒体艺术平台，录制作者视频介绍并在融媒体平台播出等。近两年，先后有宋明远、穆家善、和爱君、赵球、颜伯龙等艺术家在人美美术馆举办画集首发式、学术研讨会，并举办人美“大红袍”画家作品展。通过多种多样的艺术服务，“大红袍”画家的作品走出画册，走向群众。“大红袍”等品牌活动的常态化、规模化，既满足了人们对美的需求，也扩展了单一图书出版的效应，与展览、学术活动、艺术品交易等联动起来，进一步擦亮了“人美”这块金字招牌。

2. 人美高校行：校社合作，创新发展

启动于2017年5月的“人美高校行”，是人美社重点部署和推动的高校合作项目。以《中国艺术》《中国美术》《油画》《书法教育》等学术期刊为载体，依托人美独家优质的出版资源和融媒体平台，以多种形式服务院校的教学所需、人才所求、思想所建。其中的举措有整合校社资源、设立出版基金、建立期刊编委会、组建高校艺术联盟、共同开办研究中心等。人美社的这一举措，充分体现了开门办社的态度，同时也是建立研究型出版社的必要途径，既充实了出版社的学术资源，又联合了优质的社外力量，更有利于融合发展。

自该活动启动以来，人美社组织品牌中心、期刊采编中心等社内相关部门协作，走访了各地美术学院、艺术学院和综合大学美术系并深入调研，与包括九大美院在内的全国五十多家高校签订合作协议。走访中，人美社与各高校就中国高等美术教育、学术科研、美术创作、项目活动、美术出版等问题进行了交流磋商，建立良好的合作共赢关系。在积累大批学术出版资源的同时，高校项目合作合同额突破1000万元。

“人美毕业季”作为“高校行”的重点项目，从2018年开始，已连续举办了三年。2018年首次“人美毕业季”评选启动时，人美社联合了全国23所艺术院校共同发起活动，57万人次参与投票，最终评选出116位全国首届“人美学院之星”，入选艺术家也成为人美艺狮平台的新生力量。2019年，参与的院校达到33所，129万人次参与投票，还制作《记艺》系列纪录片。2020年甚至没有受到新冠肺炎疫情的影响，毕业季的线上报名人数达到了4000人，投票人次超过1132万。除人美微信公众号的宣传外，人美的抖音、头条等第三方平台也推出对入选人及其作品的展示。同期，还与中国美术学院、

人民美术出版社党委书记、社长周伟（左）与西安美术学院院长朱尽晖（右）为“艺狮”揭幕

四川美术学院、苏州工艺美术职业技术学院进行了毕业展连线直播，观看量达9万人次。这些线上活动使得“人美毕业季”没有受到新冠肺炎疫情的影响，反而扩大了影响力，扩展了人美的品牌传播渠道。

人美“艺狮”揭幕，王者归来，是校社合作的又一闪光点。人美社旧址北总布胡同32号的老院子原有两对狮子，一对是原国立北平艺专图书馆前的石狮子，一对是老四合院门前的石狮子。但社址几经迁移，狮子已不成对，只剩下两只小雄狮。

2019年1月，时任西安美术学院副院长的朱尽晖教授到访人美社，听了两只小狮子的故事，决定复原雌狮，帮小狮子“成双成对”。之后，西安美术学院雕塑系成立了课题组，经过测绘、考据、研究、设计等多项工序，用了近两年时间，终于完成了配对复原工作。2020年11月1日，人美“艺狮”以崭新的形象展现在大家面前，两组配对完成的石狮子分别立于大厦门前和后花园门口。

揭幕仪式上，人民美术出版社党委书记、社长周伟说：“西安美术学院为我们带来了失散已久的小狮子，成就了一段天作之合的佳话。这两对艺狮是人民美术出版社与西安美术学院的友谊之狮，是团结以西安美术学院为代表的美术教育界、美术界的团结之狮，是以美育为媒介传递美的智慧之狮，是寄予美好的吉祥之狮，更是用美来感染群众、教育社会，在生活中为更多人带来美的享受的力量之狮。”“石者实也，狮者思也。言思前人创业后人守城之不易。”“艺狮”不仅见证了人民美术出版社与西安美术学院在推动新美育时代美术事业发展中的深厚情谊，同时也是人民美术出版社建社70年的首场社庆活动。

三、艺术服务：以展销活动为先导，夯实品牌市场影响力

“美术的人美”建设过程中，为艺术行业、艺术人才、艺术教育提供各种层次的精准服务，是很有创新意识和巨大效能的举措。人美的艺术服务主要依托人美美术馆和人美学院派两个展览平台得以实现。

位于人美大厦一层的人美美术馆，从2016年12月开始投入运营，一直展览不断，至今共举办60余场展览。其中，2017年的中国出版集团“集团十五周年成就展”、2018年7月的“纪念马克思诞辰200周年暨中国共产党成立97周年美术作品展览”、2019年9月的“人美记忆——连环画里的共和国70年”展览、2020

位于西城区琉璃厂西街4号的“人美学院派”

年的“经典的启示——连环画原作精品展”，以及赵球、宋明远、穆家善、和爱君等“大红袍”作者艺术作品展，陶瓷作品汇报展览等各类展览，都取得了良好的品牌影响力。

“人美学院派”位于北京西城区琉璃厂西街4号。2019年7月18日，开门举办的首个展览即是“人美学院派——全国著名美术院校创作成果展”。其展览均为常设展，旨在将全国著名艺术院校的优秀作品展示于此，把学院派的清风带进这条中外闻名的文化古街。这是人美社实现促进院校交流、推广青年艺术家、助力艺术市场良性发展的又一新举措。其坚守的艺术理想也将和“中正大雅、朴真至美”的人美精神一起，对该地区的艺术发展起到整体滋养和引领作用，共同担负起时代赋予的美育教化使命。

除实体经营的展览空间外，人美社还于2020年12月上线了“人美嗨拍”微信小程序，以举办线上拍卖的形式，开拓艺术品交易、经营的新平台和新渠道，创新经济增长点。“人美嗨拍”上线不到一个月时间，上拍作品便突破百件，总成交额56万元，单场最高参与人数3000余人。该平台短时间内就高效吸引了大批目标用户，也刷新了艺术品拍卖的新形式，为人美的整体艺术服务提供了网络空间层面的有益补充，也是“美术的人美”跨媒介运营的又一创新。

人美社的一系列运营活动，使人美品牌的影响力在众媒喧嚣的当下，得以不断拓展，也带来了直接的经济效益。通过举办展览、合作经营、合作出版、艺术品交易等方式，品牌中心的营销收入递增，与教材、一般图书三足鼎立，成为人美三大收入来源之一。创新的品牌推广方式，以多元服务为基础的深度合作，使人美社的品牌运营思路和布局越来越成熟，并向着集出版、展览、艺术品交易于一体的全产业链运营模式拓展。

第五节　数字的人美：媒介融合与发展

数字技术和网络技术的发展，给传统出版业带来了巨大的挑战和机遇。在当下的新媒体时代，为应对技术和传播形态的剧烈变革，出版行业在经历了观望与阵痛之后，也逐渐放下顾虑，开始重新定位并热情投入数字化转型升级中。人民美术出版社在“四个人美”战略规划中提出的“数字的人美”，正是基于对未来发展趋势的清晰定位与把握。

2016年，“数字的人美”成为人民美术出版社新发展战略中的重要一环，也作为未来的新业态受到了前所未有的重视和扶持。深化“数字的人美”建设，是人美社在百舸争流的新媒体融合发展时代，奋起直追，凸显后发优势的关键。

一、以项目建设为依托，实现数字化转型升级

“数字的人美”建设的起步，要从重新思考和界定人民美术出版社在数字化变革中的角色定位开始。如何发挥传统出版中“内容为王”的资源优势，进一步结合各种新媒体技术，拓展自己的职能和优势，是“互联网+”时代美术出版行业转型升级所必须思考的问题。

2017年1月，人美新媒体科技有限公司（以下简称“新媒体公司”）注册成立，旨在以人美社品牌为优势，以图书和教材为依托，充分整合上下游优质资源，将出版资源、技术和渠道进行深度融合。近年来，新媒体公司的主要工作是以项目建设为依托，带动总社资源进行数字转型。

为响应国务院《促进大数据发展行动纲要》的号召，人美社启动了“中国美术大数据运营平台”项目。项目从2017年开始运营，由美术数字出版平台、美术在线教育平台、美术期刊平台、电商营销平台、艺术家在线平台五部分组成。目前，美术数字出版平台汇集已出版的图书及排版文件2000部，图片15万幅（可运营图片4万幅），并拍摄了各类视频资源560集，初步打造出一个可对出版资源进行数据化加工、标引、存储的人美资源管理平台。美术在线教育平台除为老师、学生和家长提供教材相关资源外，还面向社会提供线上线下美术教育活动，其中的人美美育学堂双师平台可实现在线远程互动教学。美术期刊平台以社内10种期刊为基础，打造集知识、资讯、互动于一体的知识服务数字平台——艺狮，已将890期期刊做成电子文件（含文章3万余篇）。电商营销平台在各大第三方电商平台开设店铺，提升了书刊的营销能力。艺术家在线平台可进行作者交流以及艺术品交易服务，已入驻艺术家5000余人。中国美术大数据运营平台现已搭建起了美术生态系统的框架，逐步渗透和优化解决美术创作、出版、研究、教育、艺术家推介等相关艺术行业的大多数问题。

2018年，人美社启动了“中国连环画全媒体传播发展平台”项目，力求整合各方面优势资源，形成连环画作品的多渠道传播及复合收益。具体内容

募集资金使用宣讲会

由六个部分组成：在实体书店设立中国连环画阅读和营销专架，在当当、京东、天猫商城开设中国连环画网络销售、阅读体验旗舰店，开发中国连环画手机APP发布及销售平台，建立中国连环画出版网，实施中国连环画“走出去”计划，进行中国连环画衍生产品开发。该项目历时两年，提升了出版社在连环画市场的影响力，尤其在中小学生中产生了较大影响，还取得了一定的经济效益。即使是在疫情期间，项目的利润率不降反升，达到了24%。

在此基础上，募投类项目“中国美术教育全媒体开发应用平台”启动，主要围绕着人美APP建设，整合上下游优质资源，打造面向中小学、幼儿园和美术从业人员、爱好者，以线上线下艺术教育和知识分享为主的综合性知识服务平台。自2020年9月人美APP上线以来，注册用户超过2万人；开发制作以高校精品课及《芥子园画传》《写字・课课练》《读诗词・练写字》为代表的多种精品视频课程，视频总时长超2.6万分钟，为6000多名美术教师提供了线上培训；根据人美社特色艺术图片、期刊、电子图书以及相关课程开发人美美育资源库，为中小学以及图书馆等提供资源库服务；推出了智能美术教室、双师美术教室、智能书法教室等整体解决方案，推动美术线上线下教学；另外还取得人美美育学堂、人美艺术、人美教育、艺狮等相关软件著作权12项。可以说，这一项目的实施开拓了人美社向社会展示优质艺术内容与深厚艺术底蕴的新窗口，拓宽了大众对艺术资源的获取渠道。

借此三大项目，人美社完成了对自身资源的

整合，实现了以美术数字化出版为主体、以在线美术教育、在线艺术家推介为两翼，通过出版、交易、流通、融资等各个环节，推进“互联网+”时代美术出版行业的转型升级，使人美社从传统的数字资源建设阶段进入知识资源建设及服务阶段，从而实现由传统出版商向现代专业信息服务商的转型。

二、“两微一端”“一头一抖”等媒体平台的融合发展

三大项目的开发和建设，使人民美术出版社完成了数字资源建设、网络传播平台建设和基于新媒体技术的各类产品建设。各个平台之间相互融合、共享资源、协作发展，实现了社内资源和运营的高度统一和相互转化。

具体而言，这些媒体平台包括人美APP、人美微信公众号、人美微博号、百家号、头条号、抖音号和快手号等。人美APP作为独立的移动客户端，主要包括书刊销售、教育、艺术、服务等板块，由新媒体公司运营。而其他平台由融媒体中心运营。该中心隶属于期刊采编中心，在人美期刊中心的“中央厨房”内容生产模式下，实现线上媒体与线下传统期刊、图书的互动融合。

人美微信公众号是人美社对外宣传的主要窗口，在内容上开设了“美术”“教育”“设计”“艺术市场”“高校精品课”“连环画”“美育学堂”等特色栏目，一周七天中，不同栏目有固定的时段进行推送，以丰富的选题和多元活动，精准服务对美术、连环画、美术教育、设计、艺术市场五大主题感兴趣的人群。由于近几年短视频和直播的兴起，抖音、快手、视频号的重要性与日俱增，运营策略也在不断调整。各媒体平台坚持多元融合协作，资源共享共建的原则，为人美社内各部门的编辑出版、营销发行、品牌推广、线上线下教育等提供有力的支持和互动。

融合发展、协作共享的融媒体体系，正在成为人美社内容建设、营销推广的龙头。在“人美年度艺术家”“人美年度美术教育人物”“人美毕业季”“人美高校行”等一系列活动中，以微信公众号和微博推文、短视频的方式发起投票、互动、点评、展示等活动，为人美社聚集了一定数量的互联网忠诚用户，巩固和拓展了人美社的品牌。自2016年5月建成至2020年末，“人美”官微公众号粉丝突破23万，在全国出版机构排行榜Top50中最高位列第30名。“人美”头条号在2020年7、8月连续入选头条文化频道出版机构影响力榜单Top20，最高获得第12位的好成绩。2020年人美毕业季线上报名人数近4000人，投票人次1132万次，彰显出人美品牌影响力的与日俱增。以内容建设为中心的书、刊、融媒体互动初见成效，为最终实现打造美术界第一媒体的总目标奠定了基础。

三、数字的人美，为“四个人美”建设提供支撑动力

“数字的人美”为“出版的人美”“教育的人美”和“美术的人美”提供了全方位技术支撑、平台搭建、营销服务的集合化运营保证，同时对人美社的体制机制改革创新、人才队伍建设、经营思路调整等方面起到了一定的引领、拉动作用。

在融媒体建设的过程中，技术型、复合型人才需求变大，一方面通过引进方式吸收人才，另一方面加快了社内人才培养的进程。最近几年，人美社

出版机构排行榜

2020/3/15-2020/4/14

出版人 CHINA PUBLISHERS

排名	公众号	阅读数				点赞数	指数
		总数	头条	平均	最高		
1	人教教材培训	3380801	2313037	54529	100000	35159	1682
2	保密观	1008685	921762	53089	100000	8408	1513
3	管理的常识	897262	564882	13004	31311	4159	1330
4	人民教育出版社	589916	459589	12551	34949	5052	1295
5	人卫健康	781488	454966	8494	39620	5616	1291
6	药圈网	1025340	308165	6746	32868	3981	1274
7	身边的经济学	659287	477743	10143	28004	3078	1272
8	悦读中医	628142	395676	8375	23951	2740	1243
9	中信出版集团	449355	345077	7248	22421	2894	1202
10	清华大学出版社	402427	287785	4422	18833	3724	1153
11	书圈	345676	273558	5575	34164	977	1141
12	人民文学出版社	375071	200619	4311	17914	3771	1138
13	外研社Unipus	321213	228387	4015	23476	2702	1121
14	龙门书局	206577	202684	8263	17728	778	1109
15	中信书院	163632	106573	7792	37123	524	1080
16	上海译文	192516	173832	4813	15366	1938	1076
17	中华书局1912	248439	154737	3943	10666	2213	1074
18	北京大学出版社	232802	177155	3816	16670	1700	1072
19	法律出版社	180620	149759	5161	14163	1135	1061
20	诗词中国	178335	115529	4246	11451	1833	1047
21	商务印书馆	191446	151600	3988	9869	1455	1045
22	阅读武汉	199868	136173	3075	17503	1472	1038
23	药师在线	291547	155457	2278	10642	1279	1034
24	法信	188929	138801	2588	17063	2627	1033
25	华章管理	190830	135759	3234	7400	895	1012
26	中医出版	158394	105403	2514	9858	1082	985
27	养生正道	137002	112817	2796	9155	1044	982
28	人民音乐出版社	110810	108554	4617	23966	113	975
29	机工教育	79587	39238	4974	28630	373	965
30	人民美术出版社	131970	97024	2200	16143	828	965
31	阅织	51356	40886	5706	18512	484	942
32	新星出版社	84011	76664	3231	5670	671	934
33	新史学1902	76142	76142	2456	8341	983	922
34	宝贝书单	106926	73459	2228	6579	385	916
35	三联书店三联书情	72884	46683	3037	7052	562	911
36	中国税务出版社	34587	34587	6917	26499	114	904
37	译林出版社	68048	68048	2520	6449	622	901
38	博雅好书	79956	65892	1859	7668	521	890
39	甲骨文	33369	33369	5562	9119	323	887
40	浙江教育出版集团	79663	65721	1770	10161	386	885
41	外研童书	79886	28197	2496	10004	115	872
42	复旦大学出版社	36829	36829	2833	17004	425	866
43	外研社高等英语资讯	83176	55192	1241	9177	328	857
44	广东教育出版社	71167	51266	1249	5916	688	852
45	中国建筑工业出版社	57532	54340	2213	4765	179	848
46	华师教辅ECNUP	60235	49967	1772	6913	174	841
47	英语学习教师版	40085	24052	3340	8134	94	835
48	教育科学出版社	48147	47862	1459	9099	325	829
49	科学出版社	66642	39698	1041	4875	665	828
50	上海古籍出版社	40636	39391	1847	6136	397	827

“人美”官微公众号在全国出版机构排行榜前 50 中位列第 30 名

引进人才的力度加大，员工年龄比例也有所变化，人才年轻化的倾向明显。这对于媒介融合背景下正在调整和变革的人美社来说，颇为有利。同时，新老员工的传帮带和相互学习就变得非常重要。在工作中，既将出版社的优良传统和严谨的工作作风传递给新人，又将新的理念和做法不断地应用到工作中。

2020年新冠肺炎疫情防控常态化期间，正是因为大力发挥融媒体的龙头作用，重视线上营销，将营销主战场从线下移至线上，才顺利完成了新书销售和降库存等经营任务。而借由疫情期间工作形式和观念的转变，也给未来“数字的人美”的全面深入建设提供了一次绝佳的演练和尝试机会。人美社在新兴媒介上的影响力与日俱增，品牌的影响力和美誉度也获得一定程度的提升。

坚持“四个人美”的战略规划，推动以内容建设为核心的融合发展，是新社址、新面貌下人民美术出版社坚定不移的发展方向。

人美社的小院与艺狮

人美社春景

从北总布胡同到双井桥畔，人民美术出版社告别了古朴雅致的胡同小院，来到这座充满现代时尚感的写字楼内。和人美人一同迁入的，还有小院里的玉兰、丹柿、紫藤、石狮。冬去春来，玉兰吐蕊，紫藤绕廊；夏往秋至，石狮静守，丹柿飘香。新时代新气象的人美社，在这春华秋实的熏染下，在两对艺狮的注视下，秉承“中正大雅，朴真至美”的人美精神，从 70 年再出发，为百年人美品牌的打造而奋力前行！